分享全美杰出教师的爱心和智慧

# 第56号教室的奇迹

## 让孩子变成爱学习的天使

〔美〕雷夫·艾斯奎斯 著

卞娜娜 译

D1529574

TEACH
Like Your Hair's
on Fire!

光明日报出版社

图书在版编目（CIP）数据

第 56 号教室的奇迹 /（美）艾斯奎斯著；卜娜娜译. --
北京：光明日报出版社, 2014.7（2019.3重印）
书名原文：Teach like your hair's on fire：The
methods and madness inside room 56
ISBN 978-7-5112-6686-6

Ⅰ.①第… Ⅱ.①艾… ②卜… Ⅲ.①小学教育－研
究 Ⅳ.① G62

中国版本图书馆 CIP 数据核字 (2014) 第 138214 号

版权登记号：01-2014-3973

First published in 2007 by Viking Penguin, a member of Penguin Group (USA)Inc.
Copyright©Rafe Esquith,2007
All rights reserved including the right of reproduction in whole or in part in any form.
This edition published by arrangement with Viking Penguin, a member of Penguin Group (USA) Inc.
Simplified Chinese translation copyright©2014 by Beijing Double Spiral Culture & Exchange Company Ltd.
ALL RIGHTS RESERVED

译本授权：英属维尔京群岛商高宝国际有限公司台湾分公司

**第 56 号教室的奇迹**
DI 56HAO JIAOSHI DE QIJI

著　　者：〔美〕雷夫·艾斯奎斯　　　　译　　者：卜娜娜

策　　划：双螺旋文化
责任编辑：黄海龙 许 怡　　　　　　　　责任校对：傅泉泽
特约编辑：唐 浒 伍四运　　　　　　　　责任印制：曹 净
封面设计：田晗工作室　　　　　　　　　特约技术编辑：张雅琴 黄鲁西

出版发行：光明日报出版社
地　　址：北京市西城区永安路106号，100050
电　　话：010-67078248（咨询），63131930（邮购）
　　　　　010-63497501，63370061（团购）
传　　真：010-67078227，67078255
网　　址：http://book.gmw.cn
邮　　箱：gmcbs@gmw.cn
法律顾问：北京德恒律师事务所龚柳方律师

印　　刷：北京兰星球彩色印刷有限公司
装　　订：北京兰星球彩色印刷有限公司
本书如有破损、缺页、装订错误，请与本社联系调换

开　　本：145mm×210mm
字　　数：180 千字　　　　　　　　　　印　　张：8.25
版　　次：2014 年 8 月第 1 版　　　　　印　　次：2019 年 3 月第 10 次印刷
书　　号：ISBN 978-7-5112-6686-6
定　　价：29.80 元

**版权所有　翻印必究**

# 媒体热评

《中国教师报》独家专访：
我不让体制迫使我教孩子谎言

《中国教育报》读书周刊：
让孩子变成爱学习的天使

寻找中国书业的榜样：
《第56号教室的奇迹》
入围《出版人》2009年度图书

《太原日报》新书摘：
雷夫老师曾在课上遭学生集体打头

搜狐母婴频道：
全美最佳教师告诉你如何培养好孩子

《北京晚报》书香周刊：
漏水教室里的奇迹

《教师博览》：寻找第六阶段

腾讯教育频道：
分享全美最佳教师的爱心和智慧

"第56号教室"上市以来，《中国教师报》独家专访雷夫后持续四期开展"美国最好的老师给我们的启示"专题讨论，反响异常热烈。新教育实验也将本书列为教师必读书。北京四中，北师大实验小学，江苏省海门市教育系统等纷纷为教师团购本书开展学习。阅读学习雷夫老师，在教育系统蔚然成风。此外，中国的家长也对书中的教育理念大加赞赏，纷纷在家长联络会上和网络上大力推荐阅读，并留下无数激动的感言……

　　★《中国教师报》——"美国最好的老师"、"传奇教师"、"《第56号教室的奇迹》应该能够勾起我们对学生进行教育的希望，同时也让我们反思，作为教育的主导者——教师，如何进行把握，才会有奇迹发生，哪怕只有一点点"。

　　★《中国教育报》——"影响教师的100本书之编辑推荐奖"、"中国的读者，中国的教师这次真的被感动了"、"堪称经典的图书"。

　　★中国家长感言——"凌晨4点多醒来，接着读昨天看了一半的《第56号教室的奇迹》。现在终于把这本书读完了，真是令人回味无穷，我还会把每个章节仔细研读的。如果您是父母或老师，这本书绝对是应该认真阅读的。"

在洛杉矶市中心一间会漏水的小教室里，
一位名叫雷夫·艾斯奎斯 (Rafe Esquith) 的小学老师
用了将近四分之一世纪的时间，
创造了一间充满奇迹的第 56 号教室，
感动了整个美国。

---

*As I am not a particularly creative teacher, I decided to give the kids the most valuable thing I have to offer : my time.*

*Rafe Esquith*

我这个老师没有特别突出的创造力，于是，我决定给他们我能力范围内最宝贵的东西——时间。

——雷夫·艾斯奎斯

# 媒体热评

《教育世界》：
把旅行和莎士比亚介绍
给孩子们的五年级老师

POV：关于雷夫老师的电影

《华盛顿邮报》：全美最好的老师

NPR：
雷夫·艾斯奎斯
传授火一样的教学法

《时代周刊》：
我们时代的英雄

# 目　录

## 第一部分　家最温暖

　　第56号教室之所以特别，不是因为它拥有了什么，反而是因为它缺乏了某样东西——这里没有害怕。雷夫老师用信任取代恐惧，做孩子可以信赖的依靠，讲求纪律、公平，并且成为孩子的榜样。正如他所说的："孩子们以你为榜样。你要他们做到的事情，自己要先做到。我要我的学生和气待人、认真勤勉，那么我最好就是他们所认识的人之中最和气待人、最认真勤勉的一个。"

# 第二部分　方法

　　当同龄的孩子还在看学校派发的基础读本时,第56号教室的学生们已经开始品味经典名著了;他们通过旅游来学习历史,通过亲自的动手实践去接触自然科学,通过体育运动了解团队合作的价值;艺术是他们的课余爱好……

　　这所有的成果无不源自雷夫老师的创意。除此之外,雷夫老师还为第56号教室设计了一个特别的经济体系。你想象得到吗?

# 第三部分 疯狂之举

学生们着迷般每天提前2小时到校，放学后数小时内仍不愿离去；他们听摇滚乐，看经典电影，甚至表演莎士比亚的戏剧！"他们理解每一个词。这并不是说所有演莎士比亚的演员都能做到的。"同样演过莎士比亚戏剧的依恩·麦凯恩爵士如是说。

# 联合推荐

◎ 与雷夫老师面对面，了解真实的美国基础教育，领略**"全美最好老师"**的教育精神和一线教育智慧。

——北京人民广播电台《教育面对面》主持人 宏玖

◎ ……接下来又看到全部书稿，(我)被打动了。

读《第56号教室的奇迹》是一个充满惊讶和感动的过程……尽管他是站在教师的角色上来写这本书的，但他不是那种把学校教育和家庭教育割裂开谈的人，他用他的文字处处提示家庭教育与学校教育的不可分割性。所以**我认为这本书也非常适合家长读，让第56号教室的根基延伸进你的家中**。"第56号教室"作为一个具有象征意义的符码，应该得到传播。

——畅销书《好妈妈胜过好老师》作者 尹建莉

◎ 他的目标十分激励人心；他的教学非常实际，书中大部分章节是关于如何教育他超级活跃的学生的，非常有行动力；他也提供了面对不可避免的考试的准备诀窍。

——《出版人周刊》

◎ 如果你能提炼出雷夫·艾斯奎斯老师的精华，把它装在瓶子里卖给渴望得到优秀教师的学区，你绝对会成为百万富翁。

——《达拉斯早报》：教师帮助五年级学生找到一条远离贫街陋巷的道路

I

第 56 号教室的奇迹

◉ 我们常把"用心"只是理解为态度专注与否,并以此评判一个人事业上的得失。而雷夫老师创造的一个个奇迹却不断告诉我们:**有热情和态度还不够,还要运用智慧,乃至一个小小的鬼点子!** 巧妙地做,坚持不懈地做,才会充满力量,令人叹服。**对于充满着教育理想和激情的老师或家长来说,怎样教育孩子才算用心,才能创造奇迹?** 请从雷夫老师的第 56 号教室开始吧!

——儿童学习与指导专家,畅销书《作业的革命》作者　刘春生


◉ 如果你看一下,你会发现这个教室的关键在于它没有讲台。艾斯奎斯说:"讲台是用来坐的,而给我薪水,不是让我在这里坐的。"他是个艺术大师,52 岁了,还处于兴奋状态。他的使命就是确保他的贫民区学生们不但不落后于他人,还能一路高歌猛进。

——哥伦比亚广播公司:鼓励学生热爱阅读的老师


◉ 为了课堂纪律,为了应试教育,许多老师使用的是立"下马威",并佐之以"小红花"的激励,"逻辑后果"的制约等措施。其实在无形中降低了孩子的水准。许多家长苦恼于孩子不肯主动学习,他们在挖空心思地想怎样又"拉"又"打",能促使和逼迫孩子自觉地学习,以应对那无穷的考试。

现在答案就摆在了眼前,《第 56 号教室的奇迹》讲到了品格教育的六个阶段。原来**基于信任,激发孩子对自身的高要求才是根本!** 是我们父母、老师由于没有认识到教育的根本,反而阻碍了孩子的发展,要知道孩子原本就是可以做到的!

雷夫·艾斯奎斯真不愧为美国最优秀的老师。**他从教 25 年,真的领会到了教育的真谛,而且致力于全方位全学科高质量地提供给孩子给养,简直太棒了!** 而且难能可贵的是,他还提供了具体实施方法和事例,指导你该怎样看待这些问题。值得所有家长和老师借鉴和学习。

——浩途家长俱乐部推荐


◉ **雷夫·艾斯奎斯是美国最有趣、最有影响力的教师**,但他并未得到应得的所有荣誉。当然,他也不会在乎那些。在洛杉矶霍伯特小学,第 56

号教室里的五年级学生所上的最重要的课程之一就是谦逊，艾斯奎斯相信**"角色榜样"是教师们要做的最重要的事之一**。……如果每个教师都像艾斯奎斯那样既有技巧又精力充沛的话，我们就不再需要标准化测试了。他学生的阅读和数学考试成绩远在霍伯特平均分之上。

——《华盛顿邮报》：全美最好的老师

◉ 第56号教室因雷夫·艾斯奎斯的工作变得充满生机与活力，孩子们因为有了这样的老师而学会了遵守规则、为他人着想、自我计划、自我教育。而这一切的获得并非教师最初的目标，他也是在不断的实践反思后才渐渐明白教育的真谛是什么，当我们越是想让孩子们达到我们设定的目标时，我们往往离目标越远。所以**作为教师有时要回到教育的起点，真正走进孩子的心灵，走进孩子的世界才能够真正找到教育孩子的方法**。

雷夫·艾斯奎斯在培养孩子品质的六阶段中细致地描写了每一阶段的目标、做法、结果，同时也不断地提出"我们还可以做得更好"。就是在这种信念的支持下，雷夫·艾斯奎斯老师带着自己的学生走到了第六阶段。当我们读完了这六个阶段就会给自己一个新的目标，并且确信自己的学生也可以做得这么好，因为我们都有一个教室，在这个教室里每天都在上演着不同的故事，如果我们能够像雷夫·艾斯奎斯老师一样细心观察，从爱每一个孩子出发，那么我们也会有自己不一样的教室，就让我们从阅读《第56号教室的奇迹》开始，让我们的教室变成孩子们心中向往的地方。

——教育期刊《班主任》主编 佟德

◉ 他的学生已经达到了传统教育的顶点并取得了巨大成功，在数学、哲学和莎士比亚戏剧方面的优秀表现为他们赢得了名校的通行证。

——NPR(美国国家公共电台)

◉ 艾斯奎斯宣扬努力付出的价值、诚实的自我反省，以及追寻自我道路的勇气;**雷夫是当代的梭罗**。

——《每日新闻》

⊙ **雷夫是天才与圣徒**,更是教育体系应该起而效仿的对象。和这位老师一年的相处,改变了这些孩子的一生。

——《纽约时报》

⊙ 那些整天争论"如何教育弱势学生"的政客们,最好在雷夫·艾斯奎斯的五年级学生们表演莎士比亚戏剧的时候停下争吵吧。听听那些从教室里传来的响亮的笑声和鼓掌声吧,难道你还觉得这是个苦差事?

——《时代周刊》

⊙ 刚开始看到《第56号教室的奇迹》的故事,感觉更像一个童话,也许正因为是在平凡中所诞生的奇迹,才令人倍加感动。雷夫·艾斯奎斯为他的学生们在贫民窟的教室里营造了一个快乐的天堂,而他用爱心和智慧所浇灌出的,必定是不平凡的结果。**很棒的书,值得每一位关心孩子成长的父母和每一位教育同行用心阅读。**

——腾讯网教育频道主编　潘鸿雁

⊙ 艾斯奎斯是惟一一位获得总统"国家艺术奖章"的教师,同时他还**获得诸多其他奖项,包括"全美最佳教师奖"以及欧普拉的"善待生命奖"等。**

艾斯奎斯的书是焦虑的同行和父母们的精神明灯。最重要的一点是,通过美国最优秀教师之一的思想旅程,**这本书展示了一次伟大的教育旅行,其中闪烁着"三省其身"的智慧。**

——《西雅图邮报》:不仅只看课堂教学的获奖者

⊙ 《第56号教室的奇迹》让我们看到了对孩子爱的力量是多么强大,这才是不断创造奇迹的根源。雷夫老师感动了美国社会,相信雷夫老师也将感动更多的中国家长和老师。

——新浪网亲子频道主编　艾樱

⊙ 雷夫老师的出现意义深远,他让千千万万抱怨教育的老师看到了一种不可思议的可能性,**即使我们无法像雷夫这样疯狂,至少我们知道,教育蕴含着无限可能。**

——新教育实验教师专业阅读项目组

⊙ 我仔细阅读了这本书的部分章节,感触很深,并很愿意为此书做推荐。

雷夫·艾斯奎斯和他的第56号教室,确实是无数父母向往的教师和教育圣地。这位令人敬佩的美国教师,用超凡的勤奋和卓越的教育才能,解答了他在教师职业发展过程中的探索与思考。虽然国情不同、文化背景各异,但我们仍能从书中发现中美教育面临的许多相似之处。了解这些相似之处,或许有助于我们更清醒地认识到,**教师职业的确是一项非常特殊的职业,选择这项职业,意味着教师的众多放弃和倾其精力的奉献。当然,其所收获的成就感也是其他任何职业所无法达到的。**

——中国教育报《读书周刊》主编　郜云雁

# 一间教室的容量可以是——无限

畅销书《好妈妈胜过好老师》作者　尹建莉

在尚未谋面的本书编辑找我之前,另有两家出版社曾找过我,希望我能出面推荐他们新出的家庭教育类图书。作为一个刚出了一本书的"写作新人",当时接到这样的邀请,内心是有几分欢欣的;但在看完样稿之后,我推辞了。如果一本书的内容不能打动我,我找不到第二个理由去进行推荐。于是只能向编辑致谢,同时请他们原谅。

所以,当我前几天收到本书编辑的电子邮件,又一次看到写序的邀请时,第一反应是有些不以为然。但是,当我看了本书的简介,有些被触动;接下来又看到全部书稿,被打动了。

读《第56号教室的奇迹》是一个充满惊讶和感动的过程。

惊讶,是因为我从这本来自大洋彼岸的、以前从未知晓的教师的书中,竟然读到那么多熟悉的东西。一直以为,中美两国的教育差异巨大,以为我们在教育中的种种现实问题人家不存在,甚至以为人家的教育价值观、思维方式都和我们不一样。这本书却让我第一次知道,那个教师在校园中遇到的种种,和我遇到过的差不多;那个教师在教学和学生相处中产生的困惑,在我们的校园中也正困扰着一些教师;而那个教师对教育的理解,对教育价值观的剖析,其实都可以来我们这里进行一番验证……这本书还总让我联想起《窗边的小豆豆》。两本书的作者国籍不同，陈述视角不同，但他们所创造或置身的那个教育场所体现出的内涵和气质却惊人的相似。

所以，这不是一本美国人写美国教育的书，这是一本杰出教师写正确教育的书。它适合美国人看，也同样适合美国人以外的中国人、韩国人、印度人看。

更多的是感动。

阅读中，我总是不由自主地发出轻轻叹息："教师原来可以这样来当，原来可以做得这样好！"

这本书在讲一个故事，故事梗概就是一位小学教师精心教育他班里的学生，使一届又一届平常的学生成长为一批批出色的人才。作者的着眼点不在"成功"，而在过程上。他心态平和而自信地写了许多发生在第56号教室中他和他的学生们零碎的事儿。这些小事儿，在许多教室里都会发生，情形似乎大同小异，但是第56号教室却让这些小事具有了不同的功能和意义。一些孩子，他们有幸从这间教室走过，他们的人生，因此改变了走向，改变了高度……

教室与教室原来可以如此不同！

一间教室能给孩子们带来什么，取决于教室桌椅之外的空白处流动着什么。相同面积的教室，有的显得很小，让人感到局促和狭隘；有的显得很大，让人觉得有无限伸展的可能。是什么东西在决定教室的尺度——教师，尤其是小学教师。他的面貌，决定了教室的内容；他的气度，决定了教室的容量。

教育上最令人不可思议的是，有的人在讲台上站了一辈子，甚至获得了很高的学历、职称，却始终是个门外汉。他可能干得风风火火，却不过是一个附庸者，所以也是无力者。这一点，只要看一下那些年年获得"优秀教师"称号、甚至著作等身，但班里的孩子们叫苦连天，包括自己的孩子也很成问题的老师,即可得到验证。这样的人,教室于他们只是一个讲课的场地,他们天天站在教室里,却从来不能影响到教室,所以,40 平方米的教室永远只有 40 平方米。

看一下这位 20 多年如一日,坚守在第 56 号教室的雷夫·艾斯奎斯老师,他是个在教育中总能准确找到目标,从不偏离跑道的人。他对教育和学生有信徒般的坚持、父亲般的亲切,还有哲人的敏锐、专家的自信、战士的勇敢——他拥有智慧,拥有力量,所以他创造出奇迹。他的第 56 号教室变得无比开阔,变成一个任由孩子们自由舒展,健康成长的乐园。

雷夫老师是位好老师,也是好家长。当有人问他做家长易还是做老师易时,他坦率地回答做家长更容易。因为作为家长,他可以更好对自己的孩子施与影响;作为教师,他只能在每个孩子受过某种家庭影响后再施与影响。尽管他是站在教师的角色上来写这本书的,但他不是那种把学校教育和家庭教育割裂开谈的人,他用他的文字处处提示家庭教育与学校教育的不可分割性。所以我认为这本书也非常适合家长读,让第 56 号教室的根基延伸进你的家中。

"第 56 号教室"作为一个具有象征意义的符码,应该得到传播。

我们经常说"学习雷锋好榜样",这位大鼻子"雷老师"也实在是个好榜样,值得教师和家长向他学习。他用这样一个范例告诉我们:一间教室的容量可以很大很大,可以带给孩子无限多的东西——我们能分享到这样的教育智慧,就是获得力量;也许,在未来也会创造一个奇迹。

愿明天更美好!

## 教室里的火

写这本书是一次非常特别的经历。

我清醒地知道自己并没有超越常人之处，我所做的工作和其他数以万计努力奉献、希望世界变得更好的老师们是相同的。教学过程中屡屡受挫和睡眠不足都是家常便饭。我经常一大清早醒来，就开始为了一个无法得到妥善教育的孩子而烦恼不已，有时候觉得当老师真是一件痛苦的事情。

将近1/4个世纪的时间，我几乎都待在洛杉矶市中心一间会漏水的小教室里。很幸运地，少许的天分加上因缘巧合，我在工作上受到一些表扬和肯定，但是随着这些殊荣吸引来的许多外界关注，让我倍感压力。

我并不认为一本书就能完整、真实地呈现霍伯特小学这些"小小莎士比亚们"的真实面貌，但我非常愿意分享过去这些年来，身为教师、家长，以及"人"这些不同角色的我，在教育工作中的种种学习和成长。一年48周、每周6天、每天将近12小时的时间里，我和第56号教室五年级学生们挤在一个非常狭小的空间里，尽情地享受莎士比亚，代数，以及摇滚乐带来的乐趣，并抽空带着他们四处旅行。我的妻子认为我太过执著，好友们却不留情面，说我是现代版的"唐吉诃德"，充满幻想的理想主义者，有人甚至直接说我"疯了"。

　　我不能说我一定是对的——有时候认为自己明明已经成功地影响了不少孩子,但实际上收到的成效却远小于自己付出的努力。写这本书的目的,只在分享一些我实践过并且看起来颇为有效的方法而已。有些只是平凡无奇的常识,有的则混杂了些许疯狂,但这样的疯狂是有章法可循的。现代文化是一场灾难,想要在这个只重视高薪运动员和流行明星的世界里,培养出仁慈、杰出的科学家和消防人员,简直是不可能完成的任务。

　　尽管如此,我们仍在第 56 号教室里营造了另外一片天地。在这里,我们重品格、讲勤勉、推崇谦逊,而且无条件地相互扶持。或许当身为家长的你们,明白我和我的学生们其实一点都不特别的时候,就能了解我对"教育"这件事情的一些想法,从中获得无比的自信和勇气——你们的孩子也一样可以非常优秀。恶魔般的行政官员与政客无处不在。教育界本身也存在着不少心胸狭隘的人,再坚强的意志他们都摧毁得了。我目睹过很多优秀的教师和家长,因外界的压力放弃了开发孩子的卓越潜质。每个教育的失败都代表某个孩子真正的潜能得不到充分的开发。学校对学生们的期望,常常低到一个荒谬的程度。种族歧视、贫穷,以及无知长期在校园里占统治地位;再加上毫不领情、不懂得感恩的学生和教师队伍里素质低下的人,更是让问题雪上加霜。

　　我很幸运,一个"滑稽"的意外照亮了我的教育之路。多年前,感到疲倦沮丧的我,花了好几个星期寻找自己灵魂的本质,甚至反常地做了一件事——问自己到底值不值得再教下去。前面提到的那些恶魔联手将我撂倒在地,我就快认输了。有一天,不知何故地,我花了特别多的精力在班里一个我很喜欢的孩子身上。她是那种总是最后一个被选入队伍、文静生分的小女生,并且确信自己一生注定平凡。那天我突然下定决心要让她知道,她错了。

当时正在上化学课。学生们兴奋地用酒精灯做实验,而那位小女孩的灯芯不知怎么了,就是点不着。全班同学都希望赶快开始做实验,因此她害羞地请求大家不要管她。一般情况下,在课堂上我通常不干预,因为失败也是学习过程的一部分,但她只是设备出问题,跟我们要探讨的化学原理完全没关系。所以我仍坚持要所有人一起等她,我不想把她孤零零地抛在后头。

当时那女孩噙着眼泪,感到十分窘迫。那一刻,我对于自己之前都没向她伸出过援手感到非常羞愧,于是,我决心今天一定要让她走出悲伤,顺利完成实验,让她回家时脸上可以挂着微笑。我当时坚决专注的程度,就像运动员们常说他们"进入忘我境界时,群众和压力都化成一片空白,眼中只看见球"。我弯下腰,近距离地检查她的酒精灯灯芯,发现灯芯的长度不够－－短到几乎看不见。我身体向前倾,尽量试着用火柴点燃灯芯。灯芯点着了! 我得意地抬起头,心想这下你可以破涕为笑了吧! 没想到她只看了我一眼,就害怕地尖叫起来,其他孩子也开始大叫。我不明白大家为什么都指着我,很快我就发现自己的头发正在燃烧! 那是在点酒精灯时不小心烧到的。这下可好,孩子们都吓坏了!

这时,六、七个孩子向我跑来,朝我的头猛打。我的上帝! 学生们终于美梦成真! 他们可以一边用力打老师的头,还一边说自己是在解救老师! 危机解除后,我觉得自己像个白痴——模样也像,但同时也觉得当老师真好(这可是我好几个星期以来第一次有的感觉)。我发现,自己其实可以无视第一线教育工作者面对的那些狗屁倒灶事,只需要尽一切努力帮助孩子们进步。或许不一定做得很好,但起码我努力过了。我告诉自己,如果我这么在乎教学,在乎到连自己的头发着火都没发现的话,那么我的方向就走对了。从那以后,我决心要用"头发着了火似的"态度,全心全意地投入到教育工作中去。

或许教育界多的是不懂装懂的人,这些人教过几年书、打出几个响亮的口号、建立专属网站,然后到处巡回演讲。也或许这个快餐型社会总认为可以用简单的方法解决复杂的问题。但我希望读者们明白,**要达到真正的卓越是要做出牺牲的,在从错误中汲取教训的同时付出巨大的努力**。毕竟,成功无捷径。我们可以做得更好!

雷夫·艾斯奎斯

如果我能如此投入教学，甚至连头发着火了都没有注意到，那么我前进的方向就是正确的！

# 第一部分
## 家最温暖

第56号教室为孩子们打造了一座躲避暴风雨的天堂

# 第一章
## 给我一些真相

某天，有些家长要求我们惩处任教于本校的一名教师，部分家长甚至要求开除他。一位相识多年的母亲把我从教室里找了出去。我听了他们的申诉并试图安抚，也尽力捍卫惹毛他们的老师，但事情并没有那么简单。

事情经过是这样的。三年级学生艾力克斯的书包很乱，实际上，比"乱"还可怕——十足像个塞满纸张、资料夹，以及糖果的核爆灾区。艾力克斯的老师原本可以把握这次机会对他进行教育，但他却对着艾力克斯大吼大叫，还把书包里的东西全都倒在桌上给同学看。接着，他叫学生去他车上拿照相机，把桌上的一片狼藉拍下来，还对艾力克斯说，他会在家长返校夜向所有来宾展示这张照片，让大家知道他有多邋遢。最后，这位老师还做了一件事：他对全班同学说，大家如果有垃圾要丢，不要丢到垃圾桶，直接丢到艾力克斯桌上就好了。

现在，艾力克斯的父母就在我的办公室，激动地要我通报校领导。

我费尽口舌才让他们冷静下来，拜托他们把这个情况交给校长处理。尽管听起来，艾力克斯的老师显然残忍地伤害了孩子的自尊，这种做法是不对的，但我们还是应该给他一个说明的机会。

过了几天，在与校长多次谈话之后，那名年轻的老师涕泪纵横地出现在办公室，一副悔恨无比、垂头丧气的样子。他向

3

我走来,怒气冲冲地自我辩解,"但是我觉得这么做没错,达到效果了啊……艾力克斯的书包现在干净多了。"此时我明白了:这件事最大的灾难,是老师错失了一个绝佳的教育机会。他原本可以协助艾力克斯学习整齐的价值,让他变成一个更好的学生,但是他把事情搞砸了,现在反倒成为艾力克斯和全班同学眼中的怪物。这种伤害要好几个月才能弥补,这位老师却不明白自己造成了什么伤害。

这个案例凸显了一个更大的问题:很多教师为了维持教室秩序,什么事都做得出来。近年来,大人对待孩子的做法,多半出自于"为达目的,不择手段"的心态。看看现今教师面临的许多棘手情境,再想想,这种做法似乎还是可以接受的。

但是,我们就诚实一点吧!这么做可能有效,但绝对不是好的教学。我们可以做得更好。

我了解这些,因为我是过来人,我也曾一脚踏进相同的陷阱。真相很简单:这年头,大多数的教室都被一种东西控制着,那就是"害怕"。

老师们害怕:怕丢脸,怕不受爱戴,怕说话没人听,怕场面失控。学生们更害怕:怕挨骂,怕被羞辱,怕在同学面前出丑,怕成绩不好,怕面对父母的盛怒。约翰·列侬在《劳动阶级英雄》(Working Class Hero)一曲中道尽了真相。他唱道:"饱受折磨和惊吓……悠悠二十余载。"(tortured and scared... for twenty-odd years.)

除了老师和学生,所有教育界人士也活在这个阴影之下。这个是教室管理的问题。

如果一个班级闹哄哄的,就什么事都做不成,也没有所谓成绩可言,孩子们的读、写、算数都不会进步。他们的批判性思维无法提升,品格无从建立,也无法培养良好公民应具备的道德观。

　　通往成功教室的大道不只一条——从梭罗到墨索里尼的哲学，各种方式都派得上用场。为了在允许墙上满是涂鸦、厕所满地是尿的校园中，对付孩子们令人发狂的行为，25 年来我可说是什么方法都试过了。

　　访客在参观第 56 号教室之后，从未因孩子们的学术能力、我的授课风格，或是墙面装饰的巧思而感到惊喜。他们在离去时赞叹连连是另有原因的，这个原因就是我们的"班风"。我们班的孩子很沉静，而且文明、有礼到一个难以置信的程度。这里就像是块绿洲，但它少了某个东西。讽刺的是，第 56 号教室之所以特别，不是因为它拥有什么，而是因为它缺乏了这样东西——害怕。

　　早年的时候，我也曾计划在开学第一天给孩子来点下马威，让他们清楚我才是老大。有些同事也采取相同的做法，我们曾共享使孩子们守规矩的"成功"果实。看到其他班级吵闹失控，我们愚蠢地恭贺彼此的教室有多安静、孩子们多守秩序、每日课程进行得多么顺利。

　　直到某一天，我看了一部很棒的电影。片中，一位从事特殊教育的优秀教师说了一个他儿子和波士顿红袜队的故事。这位教师继承了一颗无价的签名球，上面有传奇的 1967 年红袜队全体队员签名。当年幼的儿子找他一起玩球时，理所当然地，他警告儿子绝对不能拿签名球来玩。儿子问他理由时，他觉得 Carl Yastzremski，Jim Lonborg，以及 1967 年红袜队的其他成员对他儿子来说毫无意义。于是，他没有花时间解释原委，只对儿子说，不能用那颗球是因为"球上写满了字"。

　　过了几天，儿子又找他一起玩球。当老爸再次提醒儿子不可以拿写满字的球来玩时，小男孩表示他已经把问题解决了：他把所有的字都涂掉了。

　　理所当然，老爸气得想痛打儿子。但他心念一转，便明白儿子根本没做错事。自那天起,他无论去什么地方都带着那颗空白的签名球。这颗球提醒他:**不管是教导学生还是子女,一定要时时从孩子的角度看事情,不要把害怕当作教育的捷径。**

我必须痛苦地承认这个事实,班上很多孩子之所以守规矩,是因为他们害怕。当然啦,也有不少孩子喜欢他们的班级,而且学到了各种美好事物。但我要的更多。我们花了那么多时间提高阅读和数学分数,我们催促孩子们跑得更快、跳得更高,难道不也应该帮他们变成更好的人吗? 实际上,在那之后的这么多年来,我发现只要改善班风,各种寻常的挑战就能迎刃而解。打造无恐惧教室并非易事,可能得花上好多年的时间,但这么做是值得的。为了在不诉诸恐惧手段的前提下让孩子们循规蹈矩,并使全班维持优异的学习表现,我做了下列四件事。

## 以信任取代恐惧

开学第一天,在开始上课前的两分钟,我就和孩子们讨论这个议题。多数教室以害怕为基础,我们的教室却以信任为基础。孩子们听到我的话,也欣然接受了。然而口说无凭,我必须让孩子们了解我所说的并非单纯的言教,而是言出必行的身教。

我在开学的第一天和学生们分享了这个例子。多数人都有玩信任练习的经验:有人向后倒,由一名同学接住。这种接人游戏就算连续玩过 100 遍,只要有一次朋友开玩笑故意不接住你,你们之间的信任就永远破裂了。不管他怎么道歉,承诺再也不让你摔倒,你就是无法不带一丝怀疑地向后倒了。我的学生在开学第一天学到了**破裂的信任是无法修补的,除此之外其他的事情都可以补救。**

没写家庭作业吗? 只要告诉我,我会接受你搞砸的事实。

你打破东西了？这种事是难免的，我们可以好好处理。然而，要是你破坏了我对你的信任，规则也将随之改变。我们之间大致上会维持一定的关系，但这个关系绝对不会和从前一样。当然，孩子们如果不小心破坏信任，也应该有赢回信任的机会，但这要花很长的时间。拥有我的信任让孩子们感到自豪，他们不想失去这份信任。他们几乎不会有这种想法，我也日日反求诸己，维持向他们要求这份信任的资格。

我有问必答。你提出的问题以前有没有人问过不重要，我是否觉得疲累也不重要。我必须让孩子们看见我热切希望他们理解，就算他们听不懂，我也不以为意。在一次访问中，一位学生艾伦告诉记者："我去年问老师一个问题，结果她火冒三丈地对我说：'我不是已经讲过了？你根本没在听！'可是我有听呀！就是听不懂嘛！雷夫老师会讲解500遍，一直到我听懂为止。"

为人父母、师长的我们，总是对孩子们发火，往往也气得很有理由。然而，遇到学生不懂的时候，绝对不该感到沮丧。我们应该用积极的态度与耐心来面对问题，打造出立即、持久，而且凌驾于恐惧之上的信任。

## 做孩子们可靠的肩膀

大人常对孩子们说："表现好的话，有赏。"这种做法大有问题，我会在下一章加以讨论，但更大的问题是：大人言而无信。

我就认识一位广受敬重的老师，她曾在开学第一天告诉全班学生，会在一年结束时带他们出去旅行。但她几乎每天都以取消参加旅行的资格来威胁行为失当的学生，许多学生甚至为了确保参加资格而做了额外的付出。一年结束前的最后一个礼拜，这位老师竟然宣布，由于她将搬离此地，旅行必须取消。我真希望她能在学校多留一阵，听听学生们对她的不满。这种背叛不只把她在一整年里为孩子们做过的所有好事都毁了，更让孩子们对校方和成人大失所望。我们不能怪孩子们这么想。大人应该不惜一切代价，避免孩子们对他的信任破灭。

父母和老师要勇于负责。如果我告诉孩子们在周五会有一项特别的美术活动，就该说到做到，即使必须在凌晨 4 点钟跑到 24 小时营业的大卖场购买额外的木料和画笔，也在所不惜！随时为孩子们挺起可靠的肩膀，是建立信任的最佳方式。我们不需要对孩子们长篇大论地谈我们多么负责任，而是要让他们自己把信任放在我们的肩上。这是老生常谈，但无可讳言地，**身教确实重于言教**。

额外的好处是：一旦建立信任，如果发生所承诺的活动有必须推迟的特殊情况，孩子们反而特别能谅解。

## 纪律必须合乎逻辑

老师必须维持教室里的秩序，但千万别忘记纪律的基本真理：**老师可以严格，但不公平的老师会被学生看不起**。惩罚必须和罪行相称，然而现实往往并非如此。只要孩子们看见你赏罚不公，你就失去人心了。

这些年来，我从孩子们那儿听到最不公平、最不合逻辑的处罚通常是这样的：因为某个孩子在教室里捣蛋，所以老师就决定下午全班都不准打棒球。孩子们默默接受了处罚，但私底下却恨死了。大家心想：肯尼抢了银行，为什么蹲监狱的是我？再举另一个经典的例子：约翰没写数学作业，给他的惩罚是下午不准上美术课，或是下课时间不准离开座位。请问这两者有什么关联？

在第 56 号教室，我尽可能让课堂内生动、有趣，这么一来，**对不当行为最严厉的惩罚，就是不准参加发生不当行为时所进行的活动**。如果有个孩子在做实验时出现不当行为，我会告诉他："杰森，因为你使用实验器材的方式不恰当，请你站到旁边去。你可以看大家做实验，但不准参加。你明天还有做实验的机会。"如果某个孩子打棒球的时候很没运动精神，我会罚他坐冷板凳。这样的惩罚是合乎逻辑的，当孩子学会用正确的方式打球时，我一定会让他重返球场。

几年前，霍伯特小小莎士比亚们——一群来自不同班级、每天放学后和我一起练习的年轻悲剧演员们——获邀参加洛杉矶某知名表演场地演出。为了这场演出，孩子们要向学校请两个小时假。除了某位老师之外，所有老师都因为孩子们得到这样的机会而兴奋不已。惟一的反对者是那位从不让学生参加管弦乐队或合唱团的老师。这种人你一定遇到过：他认为他带的学生只能从他身上学到东西。当时，学生得到最后的胜利——家长的要求不得以成行——但返校后却要每天罚写一百遍"我以后会为自己做出更负责任的选择"，并且连续写一个星期。不到一个星期，那名老师不合逻辑的行为已经让孩子们厌恶到一整年都听不进他说的话了（即使有些话是值得听的），因为他不公平。

师生间的互动结束，任务却尚未达成。

## 你就是榜样

绝对不要忘了：**孩子们一直看着你，他们以你为榜样。你要他们做到的事情，自己要先做到**。我要我的学生和气待人、认真勤勉，那么我最好就是他们所认识的人之中最和气待人、最认真勤勉的一个。别想愚弄小孩，他们很聪明，一定会识破的。

如果你要孩子们信任你，就必须持续努力，付出关怀。有些学生会挖苦、嘲笑以前教过他们的某个老师，用最不信任的话来讨论他。某个老师上课老是迟到，根本没发觉已经失去人心了。经常性的迟到等于表示对他而言孩子们一点也不重要，那孩子们又为什么要听他讲课？他上课的时候，孩子们面带微笑地点着头，心里却想着："去你的！"

某个老师很爱打电话，就连带孩子们外出时也依然故我，大咧咧地在队伍的最前面对着手机讲个没完。家中发生急事或有特殊状况时，打电话当然是无可厚非，但这位女士是跟男友聊天。她甚至会在孩子们做自然作业时"偷偷"上网购物，以为大家不知道她在做些什么。她大错特错了。

一天下来，老师有数千个可以树立榜样的机会，其中有些机会是特别难得的。年轻的时候，我和那位不当处置学生书包的年轻老师一样，也会发怒、沮丧，只不过行为没那么极端罢了。我错了。当时的我不懂"对小事发火，重要议题就得不到处理"的道理。身为榜样的我们，应该向学生传达好的构想，而不是当个专制的暴君。年轻时的我曾经扮演过很长一段时间的独裁者，现在我明白，以那样的角色教导孩子到头来只是白忙一场。

不过，这份工作的可贵之处也就在此：你可以从自己的错误中学习，可以有所进步。在这个过程中，可能会出现大好机缘，让你引领孩子们展翅翱翔，达成的成就甚至超乎我们的想像。我最近就幸逢这样的机缘。

丽莎是我班上的学生。她很可爱，但是每一科都跟不上进度。她不是聪明过人的那一类人，而她的父亲看到我在她的作业上写着她可以做得更好时，就火冒三丈。

某日，我在教室里收取学生的家庭作业，作业的内容是以"印第安疯马酋长"为题的简单填字游戏。当天是交作业的截止日期，但丽莎找不到她的作业。当时才刚开学，丽莎迫切想有好表现。她急得像热锅上的蚂蚁似的，翻着书桌里的几个资料夹。她知道我就站在她身后，所以拼命在找那一份不见了的作业。

雷夫：丽莎？

丽莎：雷夫，等我一会儿。我带了作业我做过了。真的啊！

雷夫（轻声地）：丽莎？

丽莎：真的，雷夫。我真的做过家庭作业（还在拼命找）。

雷夫（已经在哼唱了）：丽——莎？

丽莎（从徒劳无功的翻找中停了下来，抬头往上看）：什么事？

雷夫：我相信你。

丽莎（不发一语，眼神中带着疑惑）：……

雷夫：我相信你呀！

丽莎：真的？

雷夫（轻声地，带着微笑）：当然啰，丽莎。我相信你已经把作业做好了。可是你知道吗？

丽莎：什么？

雷夫：眼前有个大问题哦——

丽莎（怯生生地，停顿许久）：我乱放东西。

雷夫：没错，你得更有条理一点。现在，何不挑两个你信得过的好朋友？

丽莎：露西和乔依丝？

雷夫：很好。今天吃过午餐以后，请她们帮你整理资料夹，好吗？

丽莎（松了一口气）：好……

　　遇到这种机会，老师一定要好好把握。当然，你会感到沮丧，但也可以让原本会往坏处发展的事情朝好处发展。就在几分钟的时间里，我从可能依规定惩罚丽莎的恶人，变成受她信赖的师长和朋友。而班上的学生在观察我的每个举动之后，也会把我当作一个讲道理的人看待。这种机会就是建立信任的大好时机。

　　结局是，在接下来的一整年里，丽莎再也不曾忘记带作业了。

　　这条路的确比较难走。要不，你也可以用来福枪指着学生，他们会照你的话做。可是，你想要的就只是这样吗？我在过去几年领悟了很多。为孩子们打造一个坚固而友善的避风港，就等于给他们机会，让他们成长为充满自信又快乐的人。这不容易，也不是每个孩子都能赢得你的信任。有些孩子会背叛你对他们的信任。然而，如果我们要求孩子有好的表现，就必须用行动让他们知道我们相信优异表现的可能。请尽一切努力扫除教室里的恐惧，做个公平的人，做个讲道理的人。身为教师的你将有所成长，而在你所打造的环境里，孩子们也将茁壮成长，展现出让你和他们自己都惊奇的好表现。

　　相信我。

要尽最大努力把恐惧从你的课堂赶走，做到公正而又通情达理。

# 第二章
## 寻找第六阶段

　　你可以通过经验、耐心，以及从失败中学到的教训打造一间以信任为基础的教室。孩子们知道你公平待人，可以依靠。孩子们知道只要身边有你，就很安全，而且还能学到事情。以信任为基础、毫无恐惧的教室，是孩子们学习的绝佳场所。

　　话虽如此，信任的基础并非中期目标，也不是最终结果，它只是一个好的开始。这种事我们看太多了：跟着一位好老师的学生表现突出，但某日，老师因病或开会不能来上课，改由其他老师代课，原本运作良好的教室，竟然变成闹哄哄的宠物之家。

　　可悲的是，我还遇到过以此为荣的老师，认为这凸显了他们的教学才华——别人控制不了的孩子，到他们手上全都乖乖听话。最近我听到一位老师这么吹嘘："我的学生只跟我看电影。他们说，要是我不在，电影就没意思了。"他忘了一件事：**老师可以带班级，但决定这个班级优秀或平庸的，是班上的学生。**

　　我在过去这些年来尝试过各种方式，希望营造出好的班风，引导学生为"对的理由"循规蹈矩。这个目标本身就是个苛求。要在一个孩子们把厕所地板尿得到处都是尿、在课桌上乱写，甚至根本不想上学的环境里找到培育品德的共同语言，确实很困难。

但是我找到了。我在教学方面得到的胜利，绝大部分都是长年累月披荆斩棘、痛苦劳动的结果。脑袋像电灯泡一样，突然一道灵光乍现，让我当下就知道该怎么去做的情况，可说是少之又少，而这样的灵光竟然就在某个美好的夜晚从我的脑袋里一闪而过。

那段时间我在规划课程，题材用的是我最喜欢的书《杀死一只知更鸟》（*To Kill a Mockingbird*）。当天夜里，我正读着从劳伦斯·科尔伯格（Lawrence Kohlberg）"道德发展六阶段"的观点分析书中各角色的研读指南。这篇指南写得太好了。"六阶段"不但简单易懂，更重要的是，用它来教我要孩子们学习的东西，是再合适不过的了。我很快就把"六阶段"导入任教的班级；现在，"六阶段"已成为凝聚全班的粘着剂。**信任是地基，"六阶段"则是引导学生学业和人格成长的基础建材**。我甚至用"六阶段"来教自己的孩子，所取得的家庭教育的结果也让我极为自豪。

我在上课的头一天就把"六阶段"教给学生，但不期望他们立即应用在自身行为上。"六阶段"和那些号称"照这二十七条规则做，你也可以培养出成功孩子"的过度简化方法不同，它需要的是终其一生的努力。这6个阶段描绘出美丽的路线图，而学生们的热烈回应，总令我惊讶不已。

## 第一阶段：我不想惹麻烦

从踏进校门的那一刻起，大多数的孩子就开始接受第一阶段的思考训练，一切行为几乎都以"不惹麻烦"为原则。"安静，老师来了！"孩子们紧张地彼此告诫。他们做作业是为了不惹麻烦，他们排好队是为了让老师高兴，在课堂上安静地听讲是为了赢得老师的宠爱。而为人父母、为人师长的我们，总是威胁说"不乖就要你们好看"，或是"等你爸回来，你就倒大霉了。"这种思维不断地被强化着。

但是，这样教小孩对吗？第一阶段的思维是以恐惧为基础，而**我们要孩子们有良好行为表现的最终目的，是让他们相信这么做是对的，不是因为害怕惩罚才去做。**

在上课的第一天，孩子们很快就承认他们过去多半生活在第一阶段。当然，有些孩子已经进入更高阶段，但每个人都承认"不惹麻烦"仍是引导行为的一大力量。回想童年，我们之中有多少人是真的因为相信"本来就应该做功课"而把功课（尤其是很无聊的那种）做完的？我们通常只是不想惹麻烦才做完功课的，不是吗？

教书第一年的情景，至今仍历历在目。某日，我外出参加一场数学训练会议，我带的班在我外出开会时秩序大乱。第二次我因故无法上课时，我想确定孩子们不会再次"让我难堪"。我用很凶的口气说，要是有人不听代课老师的话或没有做好分内工作，等我回来时他一定会很惨。这么做很有效，但孩子们除了知道"要害怕我的愤怒和权力"之外，什么都没学到。

经过一段时间，我才明白这个策略其实是无效的。就和许多资深教师一样，我很不好意思去回想早年的种种愚行。现在，我会在上课的第一天就开始和孩子们建立伙伴关系。我会先请孩子们信任我，同时承诺对他们的信任，接着要他们把第一阶段的思维抛在脑后。如果首要动机受到如此严重的错误引导，他们的一生将毫无作为，而我也绝对不会再犯灌输第一阶段思维的错误。

## 第二阶段：我想要奖赏

孩子们终于开始因为"不惹麻烦"以外的理由做出决定了，但老师往往会犯下我们班称为"第二阶段思维"的错误。

我猜，很多人都曾在大学期间读过行为分析大师斯金纳（B. F. Skinner）的作品。在那些作品中我们学到，孩子们因为良好行为而得到奖赏之后，就会大大提高重复我们所认可之行为的可能性。这个主张当然有其真实性。无论奖赏是糖果、玩具，还是延长体育活动的时间，在眼前晃呀晃的奖赏的确是良好行为的有力诱因。

我曾到中学参观过，看到教室里的老师用第二阶段思维鼓励学生完成作业。其中一位历史老师还让授课的各班比赛，看哪个班的作业完成得最好。胜出的班级在学期末将得到奖品。显然这位老师已经忘了"历史知识"本身就是最好的奖品。我和作业完成得最好的班级聊过以后发现，尽管他们在完成方面和交作业方面做得很好，却对历史的了解极为有限。

刚开始教书的那几年，我也为了"成效"而患了这种"奖赏症候群"。如果我因故无法上课，又很怕班上学生让代课老师不好过，那么我知道该如何处理这种情况，我会对孩子们说："如果代课老师说你们很乖，星期五就可以办匹萨派对。"第二天回到学校的时候，代课老师会留给我一张赞美的纸条，我也骗自己相信自己对学生做的是一件好事。毕竟，这总比吓唬好，孩子们也会比较"喜欢我"。好啦，别对我那么严格，当时的我太年轻，欠缺经验。现在我不会再这么做了。

家长在鼓励第二阶段思维时也得提高警觉。小孩做家务就给零用钱固然很好，毕竟我们的资本主义就是这么运作的——用工作赚取报酬——但用礼物或金钱换取孩子良好行为的做法就很危险了。**我们要让孩子知道，行为得宜是应该的，不需给予奖赏。**

"贿赂行为"常见于全国各地的教室。身为每天站在第一线的教育工作者，我很清楚要让小孩守规矩确实是全世界最难的事情之一。我们的工时本来就长得过分，要是在家庭作业表上打个星星能让孩子们写作业，对很多人来说已经足够了。但我已经无法因此感到满足。

我想，我们可以做得更好。

## ·~~~· 第三阶段：我想取悦某人 ~~~·

孩子们慢慢长大以后，也开始学会做些事情来取悦人。"妈，你看，这样好吗？"他们也做相同的事情来取悦老师，主要用在有魅力或受欢迎的老师身上。他们坐的时候挺直腰板，表现出符合我们期望的行为，但他们这么做的理由全都是错的。

年轻老师大多无法抗拒这类现象（这句话出自于我的亲身体验）。孩子们的取悦会让你自我膨胀。看到学生们对你表现出你以为的敬意，当你叫他们跳，他们就应声跳起，这种感觉真好。

曾经发生过这么一件事。有位老师在请假第二天回到学校时，看到代课老师留的纸条，因为得知班上学生表现良好而兴奋不已。其中，罗伯特的表现尤其突出。他帮忙老师维持秩序，告诉代课老师各项物品放在哪里，就像个小老师一样。这位老师替罗伯特感到骄傲，并表示要奖赏他——或是帮他加分，或是送他糖果之类。但讽刺的是，罗伯特拒绝了。他那么做不是为了奖赏。他的思维层次更高。他是为了老师而做的，并以此为荣，而老师也很自豪，因为这个小家伙这么崇拜他。两个人都非常骄傲，感觉也相当良好。

罗伯特表现良好，当然是件好事，他以取悦老师为表现动机，也是很温馨的事情。和大多数教室里的情形相比，这已经好太多了。我们可以来一点音乐，或许是由露露（Lulu）所演唱的那首《吾爱吾师》（To Sir with Love）。但是我们还是可以做得更好。我常常这么取笑或质疑我的学生：你们是为了我才刷牙的吗？你们是为了我才系鞋带的吗？你听得出这有多可笑吗？但仍然有很多孩子整天忙于讨好老师。

为父母努力的念头给孩子们带来更大的压力。许多小孩迫切希望取悦父母，甚至按照家人的期望选择大学和主修专业。这样的孩子长大后会成为备感沮丧、厌恶工作的人，他们无法了解为什么自己对生活如此不满。不过，至少他们曾经为取悦某人而努力过。

我想，我们还可以做得更好。

## 第四阶段：我要遵守规则

最近很流行第四阶段的思维。鉴于行为不当的年轻人为数众多，大多数教师在受训时学到要在上课的第一天制定规矩。毕竟，让孩子们懂规矩是必要的。好一点的老师会花时间解释制定某些规则的"理由"，也有不少富有创意的老师会带着学生一起参与班级规范的设计。老师们依据的理论是，参与制定班规的孩子比较愿意遵守规定。事实确实如此。

我见过墙上贴有这类班规的教室。有些图表是由工作量过大的老师草率完成的，有些却是精美到足以让《财富》五百强的董事眼睛一亮。我见过有意义的规则（不可打架）和没什么道理的规则（不可大笑），形形色色。不同的班级有不同的班规其实是好的——这可以让孩子们学习适应不同的环境。

我对规则没有异议，孩子们需要学习如何处理行为界线和期待。我当然不是个无政府主义者。在开了一天教职员发展会议后回到办公室时，我会不会因为罗伯特在代课老师面前表现良好感到开心呢？我会很感动。这样的表现已经把罗伯特带上通往成功的正确道路，遥遥领先多数同学。这告诉我罗伯特知道规则（并非所有孩子都如此）、接受规则（这样的孩子更少），而且愿意身体力行。如果罗伯特和他班上的同学是从第四阶段来思考的，那就已经比大部分的小孩好太多了。你大可以主张这些好的目的足以让手段合理化，但如果我们要孩子接受有意义的教育，我们真的想要罗伯特只因为"第二十七条规则"说他应该这么做就这么做吗？

我曾遇到一位采取有趣方式教孩子说"谢谢你"的老师。他制定的规则之一是，如果老师给学生一个东西——计算机、棒球或糖果，学生有 3 秒钟的时间对老师的善意表示感谢并说声"谢谢你"。要是做不到，礼物就会马上收回去。

这个方法很有效，孩子们总是把谢谢挂在嘴边。惟一的问题是：他们对于收到的礼物没有真诚的感激，他们不过是遵守规则而已。这个"教育"也未扩展到孩子的其他生活领域。某天晚上，我带着这群孩子去看戏，和戏院里的其他孩子相比，他们的感激之情没有什么不同。他们没有向给他们节目表和帮他们找座位的接待人员道谢，也没有向在中场休息时帮他们上饮料的人道谢。他们的班规只限于在某间教室对某位老师该有的行为。

我们不妨思考一下，如果历史课本上的人物在思维上从未超越第四阶段，那么当中有多少人要被除名。我是这么教学生的：**规则固然有其必要性，然而在我们最景仰的英雄当中，有许多人之所以能成就伟业，正是因为他们不守规则。**美国为纪念黑人民权运动领袖马丁·路德·金（Martin Luther King）制定了一个法定假日，当初这位英雄如果采用第四阶段的思维，根本无法有所作为。圣雄甘地（Gandhi）没有遵守规则，美国黑人民权运动之母罗莎·帕克斯（Rosa Parks）也没有遵守规则。英勇的劳工领袖们打破了规则，帮助其他劳工。感谢上天，梭罗（Thoreau）、麦尔坎 X（Malcolm X）、凯撒·查维斯（Cesar Chavez）等人够鲁莽，突破了第四阶段的思维。悠远历史中的不凡人物是这么做的。如果要我们的孩子达到相同的境界，就要在教导他们了解规则之余把眼光放远，不受教室墙上的班规所限。人的一生中有时并无规则可循，更重要的是，有时规则根本就是错的。

能达到第四阶段是件好事，但我们必须更加努力，更上一层楼。

## ·∿∿∿ 第五阶段：我能体贴别人 ∿∿∿·

不论是对儿童或是成人，第五阶段都是很难企及的。能帮助孩子们对周围的人产生同情心是非常了不起的成就。

试着想象一个由第五阶段思考者所构成的世界。我们绝对听不到有人很白痴地在公车上对着手机胡扯个没完；开车或买电影票时不会有人突然超车或插队；也不会有邻居在凌晨2点吵闹不休，扰人清梦。那样的世界多么美好呀！

多年来我一直试图将这个想法传达给学生，通过带领他们认识阿坦克斯·芬奇（Atticus Finch）和《杀死一只知更鸟》，我的努力终于成功了。在小说中，阿坦克斯给他女儿斯各特一个忠告，恰如其分地阐述了第五阶段的思维：**"你永远无法真正了解一个人，除非你能从对方的角度来看待事物……除非你能进入他的身体，用他的身体行走。"** 很多学生将这个忠告牢记在心，没多久，这个想法便开始像滚雪球般越来越大。很快地，我班上的学生差不多每个人都变得非常善解人意，因为有阿坦克斯·芬奇作为他们的向导。我发现有句俗语所言不假：**仁慈是有感染力的。**

这些年来，帮我代过课的老师们给了我一些不寻常的感谢纸条。他们对班上的学生能自行调节说话音量感到惊讶。代课老师问孩子们为什么轻声细语，孩子们告诉他说，他们不想干扰隔壁班的学生。当这位老师说他觉得很热的时候，好几个小家伙自动拿出放在教室小冰箱的瓶装水给他喝。

饭店员工也表示，我的学生是他们见过的最和善、举止最得当的。霍伯特的小小莎士比亚们乘飞机时，机长通过机上广播表达对他们的谢意，而机上的乘客总是用掌声赞许他们安静的态度和礼貌的举止。这让身为他们老师的我，觉得既快乐，又骄傲。

但是你猜对了：我还是觉得我们可以做得更好。虽说没有什么事情比遇见一个达到第五阶段的孩子更让我开心的，但我还是想要我的学生更上一层楼。对一个老师来说，最困难的任务莫过于此，但我们不能因为困难就不去尝试。我们做得到的。一旦成功，它带给我的满足感，足以补偿这个疯狂的教育界给我的心痛、头痛，以及微薄的薪资。

我知道我们可以做得更好，因为我见过成功的实例。

## 第六阶段：我有自己的 行为准则并奉行不悖

第六阶段不但是最难达到的，也是最难教的，因为行为准则存在于个人的灵魂中，其中还包括了一份健全的人格在内。这种组合使得仿效成为不可能：就定义而言，第六阶段的行为无法教，也无法讲述，"看看我现在在做的事情，这就是你们应有的表现。"一旦你做出示范，就等于违背了第六阶段的定义。在某种程度上，这是一条自相矛盾的行为准则，让教学者陷入两难的困窘。

我用好几个方法来教第六阶段。因为我不能讨论自己的行为准则，于是我试着帮孩子们从别人身上找出行为准则。许多卓越的书籍和电影都找得到达成第六阶段思维的人。对于父母和师长而言，寻找用这种方式思考的人是饶富趣味的——一旦你开始注意，就会发现这种人并不少。让我与各位分享我最喜欢的几个吧。

每年，我带的五年级学生都会阅读约翰·诺斯（John Knowles）的杰作——《独自和解》（*A Separate Peace*）。小说的主人公菲尼亚斯是一位卓越的运动员及第六阶段思维的实践者。某日在游泳池畔，他注意到游泳比赛的全校纪录保持者并不是他们班上的同学。从未受过游泳训练的他对友人吉恩表示自己破得了纪录。他简单地热了身，走上起跳台，接着要吉恩帮他计时。一分钟后，吉恩难以置信地看见菲尼亚斯破了纪录，但是她很失望，因为没有其他人在场来确认这个纪录的"正式性"。她打算致电当地报纸，还要菲尼亚斯第二天在正式计时人员和记者面前重游一次。菲尼亚斯婉拒了，而且要求吉恩守口如瓶，因为他想破纪录，也办到了，这就够了。吉恩惊讶得说不出话来，但我班上的学生们没有，他们自有描述和理解菲尼亚斯性格的方法。

也可以以伯纳德为例，在阿瑟·米勒（Arthur Miller）的《推销员之死》（*Death of a Salesman*）中，他是住在威利·罗曼隔壁的男孩。伯纳德老是纠缠着威利的孩子，要他们上学、读书，因此被视为讨厌鬼。随着剧情发展，当威利迫切地想找出他和孩子们失败的原因时，伯纳德出现了，但是行色匆匆。他现在是一名律师，手上有个案子在办。他疾行而过时，伯纳德的父亲提到那个案子正在美国最高法院审理当中。当威利对伯纳德竟然从没提起这么惊人的事情表示惊讶时，伯纳德的父亲对威利说："没必要说啊，他已经在做了。"

通过这些例子，我奋力和 ESPN 与 MTV 频道，以及这些频道视为理所当然的矫情卖弄、辱骂攻击，以及"世界惟我独尊"式思考搏斗。我试着让孩子在潜移默化中看到不同的观点。

我也会播映主角为第六阶段思维者的电影给孩子们看。其中的一个角色是电影《正午》（*High Noon*），由演技精湛的贾利·古柏（Gary Cooper）饰演的警长威尔·凯恩。枪手要杀凯恩，镇上每个人都要凯恩逃命去，理由各异。有人想让枪手控制小镇，以求生意兴隆。副警长要他离开，因为他觊觎凯恩的职位。凯恩的妻子魁克出于宗教理由要他躲避正面冲突。但凯恩选择留下来。因为他就是这样的人，即使被所有人遗弃，即使命在旦夕，他仍忠于自己的原则。要孩子们达到这样的境界是非常高标准的要求，但我还是这么要求他们。

最物超所值的第六阶段思维范例，是摩根·弗里曼（Morgan Freeman）在电影《肖申克的救赎》（*The Shawshank Redemption*）所饰演的瑞德。我很清楚大部分的小学生看不太懂这部寓意深远的电影，但是第 56 号教室是个特别的地方，所以我每年都会有一天在放学后播放这部电影给班上的学生看。瑞德是监狱里的囚犯，因为谋杀被判终身监禁。每 10 年他都有假释出狱的机会。片中，他和假释审查委员会面好几次，每次都对委员会说他已经洗心革面了，但申请总是遭到驳回。在一个较为轻松的场景中，在狱中度过大半辈子的瑞德说出了他的心声。他告诉一位假释审查委员，自己根本不知道什么叫做改过向善，至少不知道审查委员们说的改过向善是什么意思。当被问道他是否对自己做过的事感到后悔时，他说他很后悔。他说，这不是因为委员们想要听到他这么说，也不是因为他在坐牢，他是真的由衷感到后悔。由此看来，他已经蜕变成一个了解自己的第六阶段思维者了。他的行为不是取决于恐惧、取悦他人，或是规则；他已经有自己的一套行为准则。于是，他假释出狱了。

如果你对于引导孩子达到这种境界的思考持怀疑的态度，我不怪你。任何拿出真心、诚意对待教育这份工作的老师，都会暴露在惨痛失败和心碎失望的风险下。不久前，我教过的两个学生回到学校来，做了一些令人意想不到的事。几年前，他们满脸笑容地坐在我的教室里，参加了课外活动，也演出了莎翁名剧。我带着他们到华盛顿特区、拉什莫尔山（Mount Rushmore）、大提顿国家公园（the Grand Tetons），以及黄石国家公园（Yellowstone National Park）旅行；我的相册里满是这两个男孩微笑、大笑，欢度美好时光的回忆。毕业时他们写给我的感谢短笺还在手边。两人都承诺未来将秉持两倍的和善与勤奋。没想到，他俩在某日下午带着烟幕弹回到母校，跑过大厅和走廊，向教室投掷烟幕弹，恣意毁坏公物，教师的车辆也一同遭殃。我的车就是他们第一个下手的对象。一连好几个星期我都睡不好，我不断地反问自己，这两个孩子怎么会在这么短的时间里变成这个样子。

但这就是我的工作。每一个关心孩子教育的老师和父母都会这么做。**我们对孩子有很高的期望，并且尽力而为。正因为孩子们无法无天，所以我们更需要提高期望，不能让无可救药的行为迫使我们降低标准。**我拒绝回到过去那种"我说你照做"的层次，我也不会骗自己去相信学生对我的景仰是一种成就。我办不到。

几年前，我因为到另一州给一些老师们演讲而请了一天假。我按照一贯的做法，只提前把请假的事情告诉学生。我不跟他们讨论在其他老师代课时不守规矩会有什么后果。我没有承诺守规矩可以得到奖赏，只说我会想念他们，演讲第二天再见。

回到学校时，我发现代课老师留给我的纸条，大意是称赞我的学生们很棒。我只瞥了一眼即着手准备当天的课程。约一个小时以后，在上数学课时，孩子们正安静地做着分数习题，有位身材矮小的女子走了进来，手里牵着她6岁大的儿子。她用西班牙文问我能否谈谈。她说，前一天她就读于一年级的儿子在走路回家时遭人殴打，还被对方抢了背包。其他学生看到他的遭遇也见怪不怪，不是袖手旁观，就是若无其事地从旁经过。但有一位路过的小女孩将他扶到路边，带他到喷水池梳洗，并且一路陪着他，确认他安全到家。男孩的母亲在当天上午走访各教室，希望找到帮助她儿子的女孩，对她说声谢谢。

　　我问全班是否有人知道此事，大家都说不知道。因为我前一天不在学校，所以我也毫无头绪。我告诉那位母亲可以去查是哪些班级，并且对小男孩说，这个世界虽然有坏孩子，但也有愿意对他伸出援手的好心人，试着让他宽心。于是这对母子向我道别，继续去找那个女孩。

　　关门时，我注意到班上的孩子议论纷纷，推测做这件坏事的是哪个校园恶霸——有几个人嫌疑重大。在全班 32 个孩子里，有 31 个人加入讨论，只有布兰达低着头继续做着她的数学习题。布兰达之所以引起我的注意，是因为她很讨厌数学（她是个阅读高手，以前常常开玩笑地对我说，我想试就试试看吧，但是绝对不可能让她相信算数是很美妙的）。

　　我盯着教室后排角落弓着背盖住数学习题的布兰达看。在非常短暂的片刻，她抬起头，没察觉到我正视着她。她抬头是因为心中有个秘密，想知道别人是否知情。直到我俩的眼神瞬间交会，我才望向别处。她眯着双眼，严肃地对我摇摇头，要我别插手。"什么都别问，也别把你心里想的事情说出口。"她的脸这样告诉我，随后就低下头继续做功课。

　　那女孩就是布兰达，是她对小男孩伸出援手，但她的匿名计划因为早上的那对母子而露出破绽。我要其他学生回去写他们的习题并继续上课，一天很快就过去了。布兰达已经到达第六阶段，没人知道她做了什么。在往后的几年里，我一直和她保持着很亲近的关系，但是我们从没聊过那天发生的事情。

　　我想，这就是最美好的境界了。

# 第二部分
## 方法
促进孩子进步的一些想法

# 第三章
## 培养终身阅读的孩子

现在时间是星期二下午 2 点，我接下来将经历一两个小时痛苦的折磨。这折磨既非夹手指，也不是上拷问台，是比这更糟的每周教职员会议。多年来，我一直很努力地让外人了解这种会议有多可怕。最近，一位同事亦是好友生动地向他人形容了这种会议。他正和癌症对抗，化疗时间就排在教职员会议之后。他说他很期待化疗，因为在开完会之后，"最坏的已经结束了！"

被迫参加教职员会议已有许多年，我想尽各种办法来减轻这种痛苦。当那些就像奥威尔笔下"真理部"的行政官员宣布最新消息时，我们这些老师们所练就的"伪装专注"功夫就派上了用场。因为我相信我们在会议中所忍受的酷刑，就连曾在越战期间挺过监禁拷打、活着回美国的参议员约翰·麦凯恩（John McCain）也受不了。不过有一天我还是差点失控想破口大骂。

是这样的，我们学校的学生不善于阅读，也不喜欢阅读。本书写作期间所公布的美国标准化测验结果显示，我们学校有 78% 的拉丁裔学童阅读能力不足。这意味着两种可能：若不是本校的孩子是全地球最笨的，就是我们辜负了这些孩子。请相信我，绝大多数的儿童都有学习阅读的能力。虽然没有人会承认，但造成这些孩子停留在文盲阶段的，是一桩"鼓吹平庸"的组织性阴谋。

为应对这个问题，现在各校都设有"读写指导员"，这些"专家"大多曾是老师，而他们以前自己带学生的时候就不曾有过多大的成效。在一场教职员发展会议中，读写指导员的长官莅临本校，目的是协助我们提高学生阅读方面的能力。她充满睿智地开始演说，同时只用拇指和食指高高"夹"起一本大部头的书——好像这书是坨粪便。她刻意地笑着对我们说："大家都知道，我们的学生绝对不想阅读一本又大又厚的书……"她拿起的那本大部头著作，是约翰·斯坦贝克（John Steinbeck）的《愤怒的葡萄》（*The Grapes of Wrath*）——一部由诺贝尔奖得主所著，并曾赢得普利策奖的杰作。

提高儿童阅读能力的同时引导他们对阅读的热爱，应该是我们的首要任务。大家似乎都知道，每年都有数百万美元投资在书本和其他读本里面，社会名流纷纷响应倡导阅读的公益活动，教师的训练时数也高达数千小时。各出版公司的专家们都说学生们正在进步，他们口吐莲花、言之凿凿。但了解情况的人都知道这根本不是事实。忧心忡忡的教师们知道，就算提出异议也是枉然，因为势力庞大的教科书公司早已准备好答案，来反驳任何指出"国王没穿衣服"的人。年轻老师害怕受到官僚迫害，因为这些教科书出版公司惟一的任务就是继续卖出自家产品。业者竞相争食数百万美元的"测验服务大饼"，而各校区则焦虑地等着最新测验结果出炉。年复一年，大多数的孩子并未因此产生对阅读的终身热爱。

套用一句源自于另一本又大又厚的普利策得奖作品的话来形容，我们的孩子是"傻瓜联盟"下的受害者。强大的"平庸势力"串联起来，让有能力的孩子无法通过学习爱上阅读。这些势力包括电视、电玩、劣质的教学、贫穷、破裂的家庭，以及普遍欠缺的成人指导。

我也知道许多用心、认真的行政官员所面临的挑战。他们所指导的教师往往毫无教育热情或无法胜任工作，或者两种情况都有。因此，各学区只好求助于单调的共同读本，并要求所有教师一律用相同的进度和教材来教学。他们规定老师照本宣科，还安排了机器人般的自动装置来搭配指令，让所有老师照表讲课。当然，很多不会教的老师因为这种组织化的控管而受惠，然而用心教学且满怀热忱的老师却备感拘束。依照莫名其妙的规定，我们再也不能向学生介绍影响深远、富有挑战性的文学作品。这等于所有的老师因为部分教师的无能而受罚，但蒙受最大损失的是无辜的孩子。

没有人知道所有问题的答案。我的学生也不是个个都热爱阅读，但他们都进步了，也在我的引导下兴致盎然地读了一年书。在离开我任教的班级之后，有些学生会屈服于上述的种种恶势力，不过终身热爱阅读的也还是大有人在。以下是我在第56号教室所使用的一些教育方式，希望各位能从其中得到一两个可能适用于养育子女或管理教室的办法。

## 另一种焦点

"为什么要阅读呢?"一般来说，现在的学校看不见阅读的理由。就像许多联合校区一样，洛杉矶联合校区采用的也是既有基础读本来教导学生阅读。只要看学校的阅读进度表一眼，就能明白教材激不起学生兴趣的原因。这些阅读目标千篇一律地以流畅度、理解力，以及其他必要但无聊到制造反效果的目的为教学重点。我从没在学校的首要阅读目标上看见**"乐趣"、"热情"、"引人入胜"**等字眼。这些才是应该列入的目的，是人们阅读的理由，而我们对这个事实却视而不见。

我自己每天都阅读，从来都不是为了参加测验，或是因为想用成绩单上的分数来显示我学业上的进步。**我阅读，是**

**因为我喜欢这么做**。朋友们也会和我分享他们最喜欢的新书，迫不及待地想听到我的意见。我会留意报纸或是广播中的好书推荐，或是在公共场合无意间听见别人所讨论的最近读到的新书。我和小时候没什么两样，不是天才，但算是个善于阅读的人。儿时的我从没花过几千个小时参加阅读测验来评估进步情况，而是把那些时间拿来阅读伟大的作品，又因为读过那些作品而渴望读更多的书。我对文学作品的期待、对阅读的渴望，以及进出图书馆的次数，要比任何标准化测验更能评估我的进步。

我们班的五年级学生自己设计了一份只有 3 个问题的阅读测验。据他们表示，这份阅读能力测验卷的结果比那些专业人员所设计的更准确。


1. 你是否曾因为老师教得很无聊又很想看完手上正看到一半的书，而在上课时偷看藏在桌子底下的书？

2. 你是否曾因为边吃饭边看书而被骂？

3. 你是否曾在睡觉时间偷偷躲在棉被下看书？


学生和我一起哈哈大笑，这真是个可爱又有趣的测验卷。凡是以上 3 个问题都答"是"的孩子，注定一辈子爱看书。

**我要我的学生爱上阅读。阅读不是一门科目，它是生活的基石，是所有和世界接轨的人们乐此不疲的一项活动。**要让在现今这个世界长大的孩子相信这个事实往往是极为困难的，但并非不可能。从重要性来衡量，这样的努力是值得的。**要让孩子在长大后成为与众不同的成人——能考虑他人观点、心胸开阔、拥有和他人讨论伟大想法的能力——热爱阅读是一个必要的基础。**

## ～～～•～～大人的指导～～•～～～

大人的指导对孩子来说很重要，以下是一个例子。

不久前我带孩子们造访了华盛顿特区，我们在史密森尼美国历史博物馆（Smithsonian Museum of American History）用午餐。该馆餐饮区提供多样化的选择，是在继续参观博物馆前享用健康餐饮、补充体力的好地方。

一个叫提米的孩子在参观前一天整晚没睡、不停地上吐下泻。到了早上，他的气色恢复不少，觉得自己比较好了，可以参观博物馆，所以和我们一道前来。在走进餐饮区的时候，我把他拉到一旁。

雷夫：你觉得还好吗？

提米：有点虚弱，不过还可以。

雷夫：很好。我想你知道自己要小心选择吃的东西。

提米：你觉得该怎么选择呢？

雷夫：嗯，你今天不要喝碳酸饮料。在你觉得百分之百复
　　　原之前，只能吃温和不刺激的东西，如汤、蔬菜、
　　　面包这些。好吗？

提米：好！

我看着学生们领取餐盘，开始选择吃什么当午餐。有人选鸡肉，有人选匹萨，还有人选沙拉。提米跳过开胃菜的队伍，直接夹了一大块的布朗尼蛋糕，餐盘还有两条巧克力碎片棒。我在饮料机旁边拦截他时，他正伸手去盛巧克力牛奶。我要强调，提米是个聪明可爱的孩子，但是他才 10 岁，需要"大人的指导"。我把他盘子上的"垃圾食物"拿走，帮他做更明智的选择。或许他会有些失望，但他很快就会恢复体力，

度过美好的一天。

这个例子不是说我比我的学生们聪明，但我肯定知道得比他们多，因为我年纪比他们大。在阅读上也是如此，我知道一些他们可能还没接触过的好书。身为他们的良师益友，我有责任把这些书介绍给他们。因为孩子们信任我，所以愿意读我推荐的书。喜欢哈利·波特（Harry Potter）的学生，对其他奇幻文学作品的接受度会比较高。听见学生一边读《幻象天堂》（The Phantom Tollbooth）一边大笑，我会建议他借阅《纳尼亚传奇》（The Chronicles of Narnia）下一册。这些快乐让我陶醉。看到这些小小心灵试图理解《爱丽丝梦游仙境》（Alice in Wonderland）不同层次的意义，会让我感动到起鸡皮疙瘩。分享伟大文学作品的喜悦可以是大人和孩子之间关系的基石。**通过文学，孩子们会用不同的眼光看世界，敞开心扉接受新观念，踏上光辉的大道去远行。**一句话：除了基础读本之外什么都不读，只会走入死胡同。

偶尔我也使用有声书。我注意到孩子们对由演员乔·莫顿（Joe Morton）朗读的《麦尔坎 X 自传》（The Autobiography of Malcolm X），以及薇诺娜·赖德（Winona Ryder）朗读的《安妮日记》（Anne Frank：The Diary of a Young Girl）反映特别好。这两本经典回忆录都是以第一人称进行，而聆听专业的声音说故事更容易让孩子们为之着迷。就某些书籍而言，这个做法比要求学生以阅读节录本代替原著更有效果。

不过，这个做法很容易遭到滥用。我见过老师在按下播放键之后就自行休息，好像请电视当保姆一样。有经验又负责的老师会知道怎么有效使用有声书，并且会不时按暂停播放键，确认孩子们都了解某个重点，或是针对某个关键议题进行讨论。这对于聆听高难度教材非常重要，老师需要多多练习。因为过于频繁的暂停会扼杀孩子们的专注程度和乐趣。

一般而言，我会先想好要在哪些地方暂停，并细心观察学生的反应，确认他们每个人都听得懂有声书的内容。

## 善用图书馆

做父母的绝对有必要带小孩去图书馆。对许多家庭而言，"去图书馆"这个活动已经不存在了。随着网络购物的兴起，上网订购书籍的孩子越来越多。虽然值得欣喜与鼓励，但意义上却大不相同。**上图书馆是为了建立孩子们的价值观；置身于热爱阅读的人群中对孩子们是很有益处的。**在网络上不可能进行的浏览和发现，可以在图书馆做到；孩子们还可以和各个年龄层的人互动，而不只是开启电子信箱里的包裹。如果有人对每星期都上图书馆的孩子说"现在早就没人要看书了"，他会知道这不是事实。他会想：你认识的人或许没有一个爱看书，但我知道你错了。近来，看书的孩子总是遭到同学的嘲笑，要战胜环绕在孩子们四周的冷漠与不关心，最好的办法就是带他们到将"知识、热忱，以及阅读的喜悦"视为理所当然的地方。图书馆就是最好的起点。

不过可别以为把孩子带进图书馆就可以交差了事，我们还必须提供引导服务才行。

某日，我带全班到学校的图书馆，刚好碰上大约20多名五年级学生吵吵闹闹地进来。我抬头一看，发现没有人指导他们。

那群学生在图书馆待了大概半小时。有些人跑去上网，浏览一些和阅读毫无关系的网站，有的则跟朋友聊天，还有些则在无人监督或指导之下随意找书看。那些孩子错失了大好机会，他们原本可以找到开启阅读乐趣的书本。通常，当那些孩子们回到教室时，借阅的书不是已经读过的，就是什么书也没借。而这时老师可能还在电话上讲个不停呢！学生什么都没学到，但是课程表却记录着这些孩子已经去过图书馆了。

## 挑选文学作品

帮孩子挑选好书的方法很多。当然，最简单的方法是分享你自己爱读的书，继续享受这份阅读的乐趣。如果你不知道从何找起，**不妨在 Google 打上"纽伯瑞儿童文学奖"，仔细研究历年得奖好书**。至今我还没见过有哪个小学生在读了《仙境之桥》（*Bridge to Terabithia*）、《威斯汀游戏》（*The Westing Game*）或《细数繁星》（*Number the Stars*）等经典名著之后还感受不到阅读乐趣的。

**凯迪克大奖**（The Caldecott Award）**得奖名单则是帮非常年幼的孩子读书找书时不错的参考**。图书馆员也有各种好书书单，父母和老师可以从上述书单着手，找出让孩子们一读便终身难忘的好书。

你可能是小学老师，任教于设有严格指导方针的校区。校方不但强迫你使用糟糕的基础阅读系列教材，还"不准"学生把文学经典从头读到尾。许多出版读物的公司无凭无据地宣称，因为教材各章节已经节录了写作范例，所以学生没有读完整本书的必要。他们不要老师在教室里带学生读文学作品，因为这么一来，学校就不会再向他们订购数不尽的参考教材和粗糙的"新改版"选集。

"读文学作品的基础节录本就足够了"，这种主张真是可笑。就在去年，我亲眼目睹了这种策略所造成的结果。本校使用的教材节录了《安妮日记》，某位老师知道《安妮日记》是一部重要作品，于是把书发给全班学生，要他们在寒假期间阅读，并准备在开学时接受测验。他的立意很好，结果却是灾难一场。原因是学生年纪太小，根本看不懂这本书。而且老师

36

也没有说明故事背景——这些孩子都没经历过第二次世界大战，他们甚至连荷兰在地图上什么位置都找不到。面对如"BBC"与"月经"这样看上去难以理解的缩写和单词，连该班最用功的几个学生也不得不打退堂鼓。这些学生后来由我来带，当他们听说我的阅读书单上也有《安妮日记》时，叫苦不迭。

"基础读本"、"盲目的善意"、"指导不足"三者加在一起时可能发生的结果就是：孩子们不但不欣赏这本陈述历史的作品，甚至心生厌恶！所幸在我的耐心指导下，孩子们一改对该书的观感，并开始明白安妮的故事何以永垂不朽。然而，要是他们最初接触这部重要作品时，就能得到富有意义的指导，整件事情会更圆满。

我不建议年轻老师和既有势力抗衡。你对阅读文学的努力推广，只会招致更多行政官员不断到教室对你表示"关切"，让你备受干扰。与其浪费精力去打赢不了的仗，不如顺势而为，按照学校的计划走，避免任何一方蒙受损失。只需要在一天当中找到阅读杰作的空当，例如在午餐时间或放学后进行读书会。当然，这么做有其困难度，而且很花时间。想想看，需要超时工作外加对抗官僚，才能让学生读到伟大的文学作品，真是够荒谬了！但相比这些努力所带来的实际效果和意义，再高的代价也是值得的。

## 不会阅读的学生

许多老师都喜欢和学生一起阅读文学作品，然而，阅读较具挑战性的作品时，却面临部分学生跟不上其他同学的问题。为了怕这些学生被抛在后头，老师们往往选用难度较低的教材，好让他们有成就感。但这么一来，有能力的出色的学生就常常要停下来等其他人跟上进度，备感无聊。

针对这种情况，我采取双管齐下的策略。**首先，我会经常解释教材，让落后的学生跟上进度，还会事先帮阅读程度只有初级的学生准备特别简单的段落，让他们在课程开始前便赢在起跑点上。**他们在同学面前朗读，遇到困难从不会遭到耻笑，而且体验到前所未有的快速进步，自信心也一天比一天更强。如果我要学生交写作报告的话，我会协助这些落后的孩子寻找问题的解答，提升他们的写作技巧。

双管齐下的第二部分，**是让个别的学生阅读合乎自己程度的书籍**。他们每个月都会写读后心得。我会在第四章进一步详述这项活动。

一旦克服了不安，就连成就感最低的学生也开始建立自信。我为学生们塑造了一个富有挑战性的环境，在这个环境中敦促他们追求卓越，同时循循善诱、提供正面引导。在我的指导下，所有曾经被评为"远低于基础"的学生，去年年底全都通过了阅读能力测验。

## 初高中老师

现在学生的错误观念之一是：只有上英文课时才阅读。这个想法很荒谬，我们一定要改正这样的想法。我发现，**最佳做法就是由各科老师带领学生开办读书会。**从没有明文规定数学或自然课老师不该以身作则当学生的阅读示范。我鼓励所有老师都可以试试看。

我见过许多优秀的自然、历史以及体育课老师开办读书会。他们挑出好书，让各班学生自行选择。这些读书会大都有固定的聚会时间，通常在午餐时或放学后。每读完一章，大家就讨论一次。读书会的学生都是自愿参加的，因此带读的老师面对的是一群充满热忱的学生。孩子们在读书会上认识了来自不同班级、想法相近的同学，友谊在聚会中滋长，教师们则在不同于上课的环境中和学生建立联系，从而巩固教室内的师生关系。读书会是让所有相关者每周共度一两个小时的绝佳方式，人人都是赢家，每个人都出于正确的动机而阅读。

父母也可以在家中如法炮制。有些家庭有全家读书时间，有些家庭会要求每个人在周四晚餐前读完《远大前程》（*Great Expectations*）第二章。**孩子们需要大人经常陪他们一起读书、讨论。我们必须以身作则，当个好榜样。**

## 阅读评估

大多数的家长和老师都认同的一点是：在教授某项课业后进行相关评估可以判断孩子们学习的程度。若孩子们读的是文学杰作，那么该如何检验他们理解了多少呢？仅仅讨论是无法达到目的的。

我推荐家长和老师登陆 www. learninglinks. com 网站。该公司提供了一系列名为"小说链接"的阅读指南，是绝佳的阅读补充教材。"小说链接"为数百本书籍提供阅读指南，从贝芙莉·克莱瑞（Beverly Cleary）到马克·吐温（Mark Twain）的作品都有。每一篇指南都有相应的词汇课程，不但可以教孩子们认识生字，也能增进他们对内容的理解。指南里也设计了一些练习，要求学习者以类似的方式或在游戏中使用新字，协助他们进一步掌握刚学到的新知识，另外还设计了和小说相关的作文题目与理解性问题。

身兼家长和教师的我，能自由运用的时间非常有限。我的行程表排得很满，不可能针对每一章准备几十个理解性问题。"小说链接"解决了这样的困扰，指南的内容不但编排得条理分明，更重要的是它以最高理解层次为目标，从不"愚化"作品。通过对这类作业本的使用，我的学生们在阅读、写作、思考上都有了进步。

## ∾∾∾∾ 把阅读和世界联结起来 ∾∾∾∾

学生们读某本书的理由经常让我惊讶不已。例如，"因为这本书在书单上，老师要我们读。""测验会考到这本书。""我必须看这本书，考试才能过关。"从我们为什么要孩子阅读的角度来思考，这些常听到的答案全都太离谱了。

乐于阅读的孩子能和身旁的世界产生联系，最后具备超越现阶段想象范围的思考能力。他们会在角色、情境和自我之间建立联系，并且把它当作做决定时的参考。某天晚上，我10岁大的学生演出了《亨利四世》（*Henry IV*）中的"亨利王子"和"福斯塔夫"两个角色。不少犬儒之徒质疑孩子们是否能真正理解这两个角色背后的意义。事实上，孩子们的理解力比我们想象得更好：在认真思考亨利王子为了在一个无耻的世界中找到荣誉而奋斗所做出的挣扎和努力的同时，孩子们学到了日后在学校餐厅和操场面临困境时的自处之道。

每一年都有伟大的文学作品拍成电影，或在地方上的舞台上演。家长和老师应该特别留意这样的改编作品，因为这类作品最适合孩子在阅读原著后欣赏。我们如果能引导学生去欣赏由他们读过的原著所改编成的电影或演出，就可以带着他们讨论原著和改编后的作品对他们来说有何不同。这几年《魔戒》（*The Lord of the Rings*）、《纳尼亚传奇》、《人鼠之间》（*Of Mice and Men*）等许多伟大的文学作品都被拍成了电影，王尔德（Oscar Wilde）、威廉·英奇（William Inge），以及奥古斯特·威尔逊（August Wilson）等人的剧作，也在各地剧院上演。当孩子们知道读完原著就可以观赏改编的电影或舞台剧，以及比较上述两种经验，他们的阅读热情和积极程度，远远超过了以通过考试为目标的情况。我们的孩子应以此为阅读目的。

## 笑声和泪水

我以前教过的学生有不少人怀念第 56 号教室，希望继续在生活中保有这个避风港。我为他们开设了一个周六班，而路易斯就和许多就读于初中和高中的孩子们一样，自愿参加这个班级，一起练习 SAT① 测验、阅读文学作品，为进入大学而准备。

我们在某个星期六阅读黑人剧作家韩丝·贝莉（Lorraine Hansberry）的经典作品《日光下的葡萄干》（*A Raisin in the Sun*），并打算在几周后到俄勒冈州参加莎翁戏剧节，来一次实地考察之旅。我们会在莎翁节期间观赏韩丝·贝莉和其他人的作品，所以我要学生们做好准备。我为学生们搜集剧本，并针对该剧作对于美国剧场的影响做了背景说明，然后带着他们读完剧本。读到最后几行时，许多学生发出欣赏杰作后的那种既喜悦又满足的赞叹。但 14 岁的路易斯却在座位上默默掉泪。他强忍住啜泣时，没有人嘲笑他。等他恢复了平静，我问他这出戏为何深深打动了他，他的回答很简单："我哭，是因为它描述的就是我们家的故事。"

他爱好阅读。他建立联结。他能理解。他具有解析伟大作品和将之与自身经验联结的能力。多年后，学生们读的作品很可能就是出自路易斯之手。如果我们不退缩，就可能培养出更多像路易斯这样的学生。

身为父母和师长的我们必须谨记，即使置身在这样的文化当中，培养孩子终身阅读习惯的可能性仍是存在的。我教过的学生当中就有很多这样的例子。然而，在这个属于有线

---

① 定期举办的世界性测验，是美国各大学申请入学的参考条件之一。

电视、DVD、电玩，以及网络的时代，要达成这项目标并不容易。正如莎翁在其名著《一报还一报》(*Measure for Measure*)中所写的：

疑惑是种背叛，使我们遇事畏缩，
输掉本可赢得的好与善。

我相信：**热爱阅读的孩子将拥有更美好的人生**。这个目标并未列在我们加州的课程标准上。阅读评估可以从标准化的测验分数开始，但我们最终必须用孩子们在发自内心阅读时发出多少笑声和留下多少泪水来衡量他们的阅读能力。笑声和泪水可能不会列在各州的阅读标准上，却是第 56 号教室的标准。这些孩子们将终身阅读，为人生而读。

孩子们都需要指导，即使是很聪明的孩子。

# 第四章
## 写 作

　　普遍来看，现在学生的写作能力很差，不过这也难怪。由于长年累月的欠缺练习、劣质教学、互发短信、E－mail 火星文，以及我们这个分明就推崇文盲的文化，现在大多数的学生连一个语意连贯的句子都写不出来，更不用说作文或报告了。请各位看看以下叙述：

1982 年　在我教书的第一年，校方提供了漂亮的语法书给我们使用。语法书编排得很有系统，也讲解得相当透彻，解说与范例都很清楚。一年结束时，孩子们对单词、句型以及何谓好的写作有了充分的了解。除此之外，我还在几位优秀教师的推荐下认识了一项名为"少年创作"，旨在为洛杉矶联合校区的学生提供机会、鼓励他们写书的计划。学生用一年的时间撰写别开生面的故事，并且为这个故事绘制插图，最后将它装订成册。这些书会在本地一所大学的会议中展出，并于周六开放让数以万计的学生到场欣赏。最棒的故事书将获颁奖项。

1990 年　在一次会议中，许多老师指出我们的语法书在使用了 8 年之后有点破损，或许我们该订购新书，就像数学和自然课一样。但是，校方并未订书。在此之前，"少年创作"计划已经取消了，原因是主办单位觉得它太耗时费事。当局转而鼓励各校自行举办"少年创作日"活动。

1994 年　我所任教的学校对本校的"少年创作日"感到不满。有些老师没有要求班上学生写书，有些老师则用以前学生的作品交差了事。在我们参与的一场教职员发展会议中，资深教师为新进教师示范如何打造一本有趣的"少年创作书"。

1997 年　校区比平常更热衷于标准化测验的实施。众多的测验日让教师们负担过重。教育者把 163 天当中的 30 天都用来进行区测验和州测验。自然，老师们开始大发牢骚："不给我时间，要我怎么教？"

1998 年　老师们在一次教职员会议上投票取消了"少年创作日"，改由每位学生自行撰写"少年创作书"，并于家长返校夜展示给自己的父母看。同一场会议也废除了包括科学博览会、单词比赛、地理知识比赛，以及马丁·路德·金博士日庆祝活动在内的校内活动。虽然如此，至少老师们还有很棒的语法书，尽管这些书已经变得又旧又破烂了。

2000 年　我们学校采用了一套新的基础读本系列，并派了两位读写指导员协助教师。读写指导员的诸多工作之一，就是把语法书自教室内移除。他们规定教师只能用新教材教语法。教师们表示，虽然新基础读本系列涵盖了部分词类和句型，不过，旧语法书比较好用。最后，他们还是被迫交出语法书。我们提出各退一步的建议，也就是把语法书当作正式教科书的补充教材来使用，但是校方不准。受到惊吓的年轻老师交出了语法书，几位有经验的老师很聪明，他们把书藏起来，或共享一套语法书，私下用旧语法书来教授语法。

2001 年　校方在某次教职员会议中针对阅读和写作教学宣布一项新规定：教师在批改校区委托的写作作业时，不可以再把拼错的字视为错误。他们认为这么做才能更"精确"地评估学生的进步。

2003 年　基础阅读和语言系列要求学生每 6 周进行一次测验，方式是站在老师身旁以尽可能快的速度朗读两段节录文章。许多老师质疑这种做法背后的论据，并表示自己过去从未以速度为目标大声朗读过。不过，学校走廊还是贴出了成绩表，列出各年级比赛结果，并记录朗读速度最快的人。

2004 年　在使用新基础阅读系列 3 年后，本校的阅读分数仍未进步。实际上，许多项目的分数都降低了。三年级的阅读分数更是一片低落。

过去三年来，校方每周都告诉我们阅读的关键是流畅度。读写指导员又告诉我们，过去那么重视流畅度是错误的；一直以来，重要的都是理解测验。他们又说，不用担心过去会议的错误认识。于是，走廊墙上的流畅度成绩表被拿下来了。

同年，校方要求学生进行另一次写作测验，写作的主题无聊极了，而且还要用 2 天的时间来完成。负责分发测验的老师请人把我们班的测验题送到教室。试题纸上附了一张字条，上头写着："Hear our you're exams, Rafe. Their due Friday."① （雷夫，这是你们班的测验卷。星期五要交。）

　　为人师长、父母的我们要负起责任来。纵有重重的阻碍和障碍，我们也要找到能提升孩子写作能力的策略和活动。杰出的英国哲学家、文学家弗兰西斯·培根曾写道："阅读使人学问渊博，讨论使人反应敏捷，写作使人思考精确。"我要我的学生有精确表达思想的能力。我要他们善于写作，不是因为要考试，而是因为好的写作能力令他们终身受用：申请大学时派得上用场，找工作时也派得上用场。我用以下四种方法提高学生的写作能力。

## ～～～ 步骤一　写作之始——语法 ～～～

　　学校的上课时间是从上午8点开始，不过，我们班大部分的学生都自愿提早上课，8点前就已经在位置上坐好了。这时，黑板上已经写着语法作业，练习题也放在课桌上（虽然语法书被没收了，但要在教师用品店找到有关语法的练习册还是相当容易的）。

　　我们每个早晨都是从语法练习开始，学生会进行找出合适的名词或选出正确的时态等练习。在点名以前，孩子们已经在做语法练习了，在收家庭作业以前，连分心去想其他事情的机会都没有。我会和他们简短地道声早安，告诉他们接下来的一天有哪些令人兴奋的内容。但是我们一定会在8点零

---

　　① 本句有四处错误，正确的写法是：Here are your exams, Rafe. They're due Friday.

1 分之前，当其他班级的学生还悠然从我们教室旁漫步而过的时候进入状况。在第 56 号教室，我们不浪费时间。就算只是在一天的开始浪费几分钟，一整年下来这几分钟也会累积成二三十个小时。我们的孩子禁不起这种浪费。

孩子们用功读书的理由大致可分为下列三项。首先，很多学生慢慢喜欢上语法。对班上的学生来说，英语是他们的第二语言，他们认为学习正确书写这个新语言的规则是很有价值的事情。他们看到自己在进步，而且，因为置身第 56 号教室让他们感到自在，他们不怕犯错。他们知道没有人会嘲笑或斥责他们。

第二个理由是不用带功课回家。在课堂上，孩子们有 30 分钟的时间回答 20 个问题。我用大约 5 分钟教授语法技巧，在确认孩子们都听懂了以后，大概还剩 23 分钟让他们答题。只要是在课堂上没完成的，都算家庭作业。因此，他们知道利用上课时间全部写完比较好，如果有不懂的地方，可以问同学和老师，而且在教室写出来的作业质量比在家里写的好。因为家里有兄弟姐妹吵闹，电视机又整天大声开着。

此外，孩子们想在课堂上写完功课最重要的原因，是我们称为"恐怖重写"的东西。之所以有"恐怖重写"这个构想，是因为以前的学生曾抱怨上课时交的作业，不管是哪一种，最后都脱离不了下列三种结果：作业发回来了，分数很高；作业发回来了，分数很低；作业根本没发回来。在第 56 号教室，学生们不会拿到低分。我要求学生至少要答对九成语法题才算过关，否则就重写。没有处罚，也没有羞辱或类似的事情。我只是要他们一次又一次地重写作业，直到熟悉作业所练习的技巧为止。刚开始，班上差不多每个人每天都在重写语法作业。到了第二周，只有两三个学生需要每天重写作业。"恐怖重写"让孩子们了解，第 56 号教室是一个认真看待学习的地方，所以他们最好注意听讲、努力理解、提出问题，在第一时间就把该学的都学起来。

第二天早上，在学生做新语法作业时，我指派的小老师会收取前一天的作业，并在下课时精确地订正作业，列出"恐怖重写"名单。当名单贴在教室前方时，正确写完作业的学生会发出非常兴奋的感叹声或得意地大叫起来。我最感动的部分就发生在几分钟后，在欣喜和失望都结束后，熟悉作业上语法技巧的学生会坐到不会的同学身边，帮助他们回答不会的题目，同时鼓励对方在当晚或第二天有更好的表现。

## 步骤二 每周作文

每周作文和每月读书心得起源于我年轻时曾犯的错误。在小学任教的我，常和就读于初中或高中的毕业校友聊天。他们很怀念第 56 号教室，会把我做得好的部分告诉我，也会指出可以改进的部分（这点更重要）。我曾犯过许多错误，其中之一是未能协助学生了解时间管理的重要性。我要学生们写的家庭作业都是第二天就要交的。最近几届毕业的学生给我一个建议：如果把部分作业改成周末前甚至月底交会比较好。这么一来，学生们就能学着在作业累积成堆之前开始做功课。

另外还有"每周作文"和"每月读书心得"。这两项计划在设计、评分，以及教学方面的难度，都比语法练习更高。但是学生可以通过这两项计划学习时间管理，同时加强写作技巧。

### 每周作文

我在每个星期五都会出"每周作文"的作业给学生。这些短文大约一页长，题材包罗万象，从严肃到搞笑都有。我可能会在这个礼拜要孩子们权衡《人鼠之间》中乔治杀死蓝尼的决定，第二周则要他们想象如果喝下隐形药水，会想在药水发挥效力的 24 小时内做什么，并且把想法整合成一页长的作文。无论作文的主题是什么，交给我的作文都必须符合语法、单词、句型，以及结构完整等原则。我要他们做的，正如弗兰西斯·培根所说的，是精确的。

在周五指定题目并于第二周缴交作文的理由有两个。首先，孩子们可以利用周末写作。当然，他们不一定要这么做。我鼓励他们多花些时间和家人、朋友相处、打球放松、尽情开怀大笑。但就算他们周末花一两个小时写作文，还是有几十个小时可以玩乐。"每周作文"给了学生们一个尝试在玩乐和工作之间取得平衡的机会。

其次，这么做让我有时间细读学生的作文。我没办法在上了整天课之后的夜晚仔细批改作文，因为我第二天还有很多课程要准备，家人也需要我的照顾。疲倦或忙碌使我无暇妥善照料每一篇作文。在星期一早上之前，我已经细读过每篇作文，学生在发还的作文上可以看到对他们有帮助的评注。如果我要他们认真写"每周作文"，我就必须让他们知道我重视他们的写作。

我还会利用周末做另一件我认为极为有效的事情：即选出几篇作文，把批改之前的文字（包括错误和其他部分）原封不动地打出来。在星期一早上，我不给学生出语法作业，而是请他们阅读上周交给我的两三篇文章。当然，我会先将作者的姓名删去，避免尴尬。

学生们的写作在几个星期内有了长足的进步。通过阅读同学的作品，他们开始懂得如何区分写作的优劣。在学年结束前，我带的五年级学生已经很少出现单词、语法或句型错误，甚至能巧妙运用不少更细微的写作技巧，例如避免垂悬修饰语①。我没有做任何事情让他们变得更聪明——我这个老师还不够优秀，做不到这一点。但是通过经常的写作和阅读同学的作品，孩子们的写作进步了，而且他们也乐于写作。

我们班从不轻易放过任何评估写作的机会。实际上，就在撰写本书期间，有位同事对我大发雷霆。她认为我没有帮她的某个学生解决问题，让她很失望。某天早上，我桌上的电话响起，她在话筒另一端对我大吼大叫。到了午餐时间，我在信箱里发现一张字条。嗯，确切地说，是一封咒骂信而非字条。信上抨击我是个自吹自擂、令人讨厌的家伙。

我可以选择回信，但是我替那张字条找到了更好的用途。我帮每个孩子复印了一份，请他们针对写作进行讲评。他们在热情方面给了高分，但认为语气需要改一改。他们还建议我写上些评语还给那位老师，但我婉拒了这个提议。

## 步骤三　每月读书心得

和"每周作文"一样，"每月读书心得"也是既能让学生学习时间管理，又能增进写作技巧的有效办法。当然，没有任何一种读书心得模式能完全适用于每个班级和每位学生。这是我们第 56 号教室的做法，对我们有效，各位可以视需要加以修改，或许也会对你有所帮助。

在读书心得方面，我指定学生阅读难度较低的书籍：我在课堂上带读的书本难度太高了，大多数学生都无法自行读懂。我提供了纽伯瑞儿童文学奖的作品和其他易读且杰出的小说，让每位学生自行选择。阅读能力落后的孩子可以挑选

---

① 前后分句的主语不相同时，主语要保留下来；若是不小心删去时，被修饰的词就会找不到主语修饰，像悬挂在半空中一般。

由贝芙莉·克莱瑞所写的简单作品。书单上的小说有一个共同点：它们都是趣味横生、深受儿童喜爱且引人入胜的作品。不论学生读的是《幻象天堂》、《碧祝丝与雷梦拉》（*Beezus and Ramona*），还是《波普先生的企鹅》（*Mr. Popper's Penguins*），每个孩子读的一定都是好书。

我们班的每月读书心得分为几个小单元，每个单元都反应了小说中的某个元素，包括主角、反派、冲突、故事背景、情节、高潮、结局，以及主题。为帮助学生理解这些概念，我以《绿野仙踪》（*The Wizard of Oz*）为例——我们班大部分的学生竟然从没听过这本书！

我选择《绿野仙踪》是因为它的故事非常清楚，能帮助孩子们快速理解上述概念。桃乐丝是主角，邪恶女巫是反派。冲突发生在人与人之间（相对于人和自然、人和自己或社会之间）。故事背景是堪萨斯州的一座农场和奥兹王国。高潮发生在邪恶女巫被水攻击时。故事的结束则是当桃乐丝和她的朋友们实现了他们的愿望之时：稻草人得到了会算数的头脑，锡铁人得到了心，胆小的狮子得到了勇气，而桃乐丝也回到了温暖的家。当然，主题的部分对孩子们来说也不难，因为桃乐丝重复说了很多遍："没有任何一个地方比得上温暖的家。"

接着，全班开始一起读该年度的第一本书——通常是拉斯金（Ellen Raskin）的《威斯汀游戏》。这是一部极为有趣的儿童谋杀推理小说，我们班读得津津有味。然后我把该书的一份读书心得发给孩子们看，用实际范例帮助他们了解在读完当月所选择书本、撰写读书心得时，我希望他们怎么做。

当然，孩子们第一次交的读书心得总是错误百出，就算有了可依循的范例，还是会出现数不清的单词、语法、时态，以及句子结构错误。他们在分析方面也有误差，经常认错主角（例如，以为《人鼠之间》的主角是蓝尼而非乔治），或在做情节摘要时把整个故事详述一遍。但这不要紧，因为他们才试第一次。我至少会花一个星期改完这些读书心得。这时，孩子们则着手进行下一份心得。在他们收到批改后的第一份心得，知道怎么写会更好的时候，就能用我的评语来改进第二份读书心得。经过了一年，学生们大多能交上优异的报告，并读完 10 ~ 12 本好书。

每月读书心得的另一个好处是使"我做好了"这句话销声匿迹。少数写完历史或数学作业的学生就常常这么回答，不过，对于每月读书心得来说，要回答"我做好了"可不容易。

雷夫：约翰，真的吗？你已经把书看完，准备要交每月读书心得了？

约翰（很心虚的样子）：嗯，还没。我现在就开始准备。

无论对老师还是家长而言，帮助学生完成每月读书心得都是件不容易的事。挑选能吸引儿童阅读的书本是一项挑战，评分和写下有帮助的评语也很花时间，但若能确实执行，孩子们就能在阅读、写作，以及批判性思维方面有所提高。这么做很辛苦，但很值得。以下是我班上学生所写的读书心得。

## 汤姆·索亚历险记

马克·吐温著

汤姆·索亚是这本小说的主角。他大约 12 岁，住在密西西比州圣彼得堡的一个小镇。他想要成为亡命之徒，不喜欢上学，也不喜欢上教堂。波丽阿姨对他感到很头痛，而和他只有一半血缘关系的弟弟席德，是他讨厌的对象。

乔是故事中的反派。乔有一半的印第安血统，是个抢匪和杀人犯。他杀死罗宾森医生之后，又计划攻击一名有钱的寡妇。他非常贪婪，而且对镇民们怀恨在心。

这是一个发生在人与人之间的冲突。汤姆想要拿到乔偷走的 12000 美元，而乔想要杀死寡妇道格拉斯并逃之夭夭。这两个角色的愿望都无法实现，所以产生冲突。

故事发生在 19 世纪 30 年代密西西比州的一个小镇。背景对这个故事很重要，因为故事中的小镇代表了马克·吐温从小生长的地方，而书中的许多角色都是作者根据他所认识的人改写而成的。小镇的用语、迷信，以及文化都是故事中的重要元素。

汤姆·索亚是个淘气又好笑的男孩，生长在 19 世纪 30 年代的密西西比河河畔。他常常顶撞波丽阿姨，让爱护他、养育他的阿姨吃足苦头。汤姆是个聪明过人的男孩。他用妙计让朋友自愿帮他漆围墙，又从朋友手中骗走荣誉卡，换来教堂的《圣经》。

汤姆不是个好学生，而且常常逃课。他喜欢女生，还为了贝琪·余契尔离开了爱咪·劳伦斯。他最要好的朋友是乔·哈柏和哈克·芬恩。哈克是镇上酒鬼的儿子，也是所有大人讨厌的对象。孩子们尊敬他，因为他是镇上惟一不受拘束的男孩。

汤姆、乔、哈克三个人计划到处冒险。有一回，他们从家里跑出去，到杰克森岛上露营。镇上的人以为他们已经死了，没料到他们却出现在自己的丧礼上，把镇上的人吓了一大跳。

有天晚上，汤姆为了想治好身上的瘊子，于是带了一只死猫到墓地去，① 恰巧看见乔杀死罗宾森医生。波特，一名和善的酒鬼，被控谋杀罗宾森医生。汤姆在审判时出庭作证，救了波特，但是乔逃走了。汤姆每天晚上都睡不着觉，担心乔会来杀他。

一天，哈克和汤姆在找被人埋藏起来的宝藏，偶然间走进了一间"鬼屋"，发现乔和他的伙伴把偷来的钱藏在某处，总共有 12000 美元，都是硬币。他们计划跟踪窃贼，把他们的钱偷过来。

后来，贝琪·余契尔计划办野餐，还设计了一个洞穴探险活动。野餐结束后，孩子们都回家了，却不知道汤姆和贝琪在洞穴中迷路了，不但没跟上大家，而且危在旦夕。汤姆发现乔就躲在洞穴里。

汤姆终于逃出洞穴。镇上的人已经把洞穴封闭起来，根本不知道这么做等于杀死了乔。汤姆和哈克成为英雄，还拿到了乔的宝藏，名利双收。

乔的死是本书的高潮。汤姆在审判后说，乔一日不死，他就一天不得安宁。当镇民们再次进入洞穴，找到乔的尸体时，他的梦想也成真了。汤姆再也不用担心这个男人会来找他麻烦了。

在故事的最后，汤姆告诉镇上的人说他和哈克已经发财了。这两个男孩用马车运了 12000 美元到镇上，让镇民们大吃一惊。哈克将和寡妇道格拉斯同住，而汤姆也成为了镇上的英雄。

---

① 迷信的做法，认为扔死猫可治好瘊子。

马克·吐温曾写道，这本书的主题是让大人回忆起当年还是小孩时的感觉。本书呈现出孩子们各种好笑的行为，提醒着我们在进入"文明"之前可以享受到的乐趣。

这不是一份完美的报告，但对一个英文并非母语的五年级学生来说，已经是个好的开始。写读书心得的方法虽然很多，但我班上的学生们都认为上述的形式不但周密、有挑战性，而且很有效。

## 步骤四　平装书作者：
### 少年创作计划

"少年创作计划"不适合怕苦的人。它很难成功，要耗费大量的时间和耐心，而且可能会把人累垮。不过，我向你透露一个小秘密：我20年前教过的学生曾在我的要求下完成数百项作业，然而，经过这么多年还保存完好的，只有"少年创作计划"的作品。由此可见这项作品在孩子们心中的重要性。

"少年创作计划"的构想并不复杂。基本上，每个学生都有一年的时间来完成一本书，完成书籍的方式不止一种。以下和各位分享的是第56号教室实行少年创作计划的几项守则。

教室应该是学生主要的创作地点。这样可确保作品出自学生之手，而不是由操心过度的家长、兄姐或家人共同的朋友代劳。这样的做法也能让孩子们慢慢写，不要急。如果要求孩子们利用假期写故事，那么故事一定是在最后一两天的晚上匆忙赶出来的。从教师的观点来看，一次收到30份左右的故事（其中不乏长达二三十页者）也是不切实际的，因为你绝对找不到时间细读每一篇故事。

我会在每周选两三个下午拨出 30 ~ 45 分钟给孩子们创作，并利用每次的创作时间和五六个学生们讨论。我要他们讲述正在写的故事，并且把已经完成的作品给我看看。这样一来，我可以在写作的过程中帮他们改正语法和单词错误。所谓预防胜于治疗，最后编辑校对时就省事多了。我也和小小作家们谈他们创造的角色。孩子们往往会把重心放在故事情节，而忘记好的故事通常是围绕着我们所关注的角色发展的。我一方面使树林成为充满魔力的地方，一方面也提醒孩子们多着墨于走进树林的各个角色。

偶尔，我会请班上的学生三四个人一组，分享彼此的故事并互相订正写作错误。这么做对每个人都有好处。订正者在助人的过程中学到更多写作相关事宜，作者得到建议，而我则省下了时间：草率犯下的错误都已经在最后交稿前排除了。

许多老师会对故事主题制定基本规则，也就是画一条不准学生跨越的线。有些老师不准学生写血腥或残忍的故事，有些老师不准故事出现"他们醒来，发现一切都是梦"这样的结尾。但我们要明确：重点是保持弹性，并且在写作过程中应用所学。

你可以在过程中鼓励孩子使用比喻。如果孩子们写到一个角色感到很害怕时，你可以问他："这个角色有多可怕？像在一个快要爆破的气球旁那么可怕吗？"你可以让孩子们知道写作蕴藏着多大的乐趣。毕竟，这是计划，不是作业。创作故事和测验题、每周作文，及科学实验不同。创作可能是孩子们惟一能完全掌控的事情——包括角色、措词，以及情节转折。你可以提醒孩子们，莎士比亚（Shakespeare）、马克·吐温、塞万提斯（Cervantes）、约翰·斯坦贝克也曾经是创作少年。

你的学生在长大之后可能会写出广受世界各地读者喜爱的作品。

写作和编辑完成后，孩子们将故事存成电子稿，并在部分版面留白，作为插画之用。绘画的部分另外进行，完成后再贴到书上。如此一来，孩子们可以试画各种图案，最后选出最合适的贴在印出来的书稿上。孩子们设计的图片充满创意，有的会在翻页时跳出来或打开，让读者们赞叹不已。

书籍的装订可以请厂家帮忙，不过我比较喜欢在课堂上装订。孩子们用硬纸板制作书的封面，利用自粘薄膜、胶水、护条来装订。这很费工夫，但我发现孩子们很喜欢从头到尾完成一本书的感觉。

不过，让我们认清事实吧，写作可能是最难教的一个科目。不但要花大量的时间和精力，而且有语言障碍和莫名其妙的学校政策从中作梗，也难怪为数众多的好老师都宣告放弃，根本不教写作。

我记得在 12 月的某一天，我改读书心得改得快睡着了，于是打开一封学生寄来的卡片，卡片上头写着：Mery Kirstmas, Raft. ①（雷夫，圣诞快乐）。我猜，我和他在一起的这五个月并未对他产生多大影响。

但是，如果你不放弃，写作说不定会成为开启孩子心扉的钥匙。我们想要和孩子们建立沟通渠道。虽然有时我们通过玩传接球、阅读，或解决问题建起和他们之间的桥梁，但是写作的力量却有可能改变生命。孩子们常常会写出他们不好意思公开表达的事情。以前班上的一个女孩，就提到了她的红球。球上有张笑脸，她每天都跟这个球一起玩。有一回，她

---

① 这句话的每个词都拼错了，应该是 Merry Christmas, Rafe.

的球跳过了围篱，滚到街上去了，球上面沾满了泥巴，成了一张不开心的脸，小女孩也跟着哭丧着脸。第二天，女孩的父亲开车外出，在街上发现了泥泞中的球。作者是这么写的："我爸爸看到了，但是懒得把球捡起来。"

喔！这儿有个需要关爱和注意的小女孩，要是我没读她写的故事，我永远不会知道。她是个文静、漂亮的女孩，害羞得不敢离开教室到后院去玩。我总舍不得放开她。正是她的故事启发了我，让我决定成为花时间帮她把球捡起来交还给她的那个人。我们共度了美好的一年。在她毕业的时候，我给了她一个红球。20 年后的今天我们还常常相互联系。现在她是一名律师，而她那本关于红球的少年创作书，和许多法律书籍一起放在她办公室的书架上。

# 第五章
## 加加看

　　数字的研究是门极端的学科，孩子不是爱它，就是恨它。当被问到对数学有何感觉时，会耸耸肩表示中立的学生非常少。

　　在城市的小学里（我所任教的学校就是其中之一），测验分数往往遵循一种可预测的模式。很多学生的母语并非英语，因此阅读测验的分数很低，但是数学成绩却好得多。这没有什么神秘的。数字是全球通用的语言，对于英文说得不好的人来说，计算和乘法表比海明威（Ernest Hemingway）或兰斯顿·休斯（Langston Hughes）[①] 容易亲近多了。

　　不过，很多小学时期数学很好的学生在进入高等数学的领域之后就开始节节败退。对那些曾表示喜欢代数、几何等学科的学生来说，这就是一个无法理解的谜团。很少学生会叹气说："我以前历史很好呢。"但我们却常听到学生沮丧地大叫："我以前数学很好，真的！"为什么会这样？

　　现在的学生为了准备考试而忙得不可开交，对数字往往没有切实的理解。因为标准化测验对于各校的重要性越来越高，所以学生就反复练习着乘法表和只以计算为基础的解题方法。老师们还教学生解题"技巧"，导致学生虽然会算正确

　　──────────

　　① 20世纪20年代在以颂扬黑人生活及文化为宗旨的哈林文艺复兴运动中，最重要的作家及思想家之一。

答案，却搞不清楚自己究竟在做什么。这样，惟一的成果就是：他们的测验成绩很好，大家都很高兴。

但这不应该是我们教数学的终极目标。我们应该要孩子了解数字的威力，明白数学和他们的生活息息相关，而且趣味无穷。只训练学生通过考试，就像依照巴甫洛夫学说训练狗一样①，只会让升上中学就开始讨厌数学的故事一再重演。

我在前面几章谈过恐惧，对孩子而言，数学课想必是特别吓人的。没有人喜欢被看起来很笨，而数字的精确性可以让人变得谦逊。我常提醒年轻老师说，恐惧感在数学课蔓延的速度，往往比其他科目来得快。上历史课的时候，学生如果答错，老师很容易把不正确的答案变成鼓励性的建议。如果学生被问到对林肯总统有何看法，而学生回答林肯是个伟大的驾驶员时，我可以评论说："从某个角度来看，林肯确实是个驾驶员，他带领我们的国家安全穿越风暴。"但如果学生说2＋2＝5，其他同学都会知道他错了。这么看来，数学确实有它吓人的地方。

很遗憾，我见过太多小学老师是这样上数学课的：

各位同学，请打开课本，翻到第142页，上面有500道乘法，算完以后翻到书本的最后一页，也就是第543页，上面还有500道乘法。请大家安静做题目。

如果你是这么做的老师，你一定爱死这些孩子了，因为他们都会乖乖照做，一句抱怨都没有。但是我有个问题：如果小孩会算10个乘法题，为什么要他做500题？如果他连10题

---

① 将人的理念和精神、一切智力行为以及随意运动，都视为对信号的反应。

都不会算，那么要他做 500 题的意义在哪里？这种反复练到兴
致索然的惟一真实目的，是让老师落得轻松。我就发现数学
课其实有更有效的教法。无论我教的是什么技巧，我都以重
质不重量的原则，出较少的题目让学生练习。因为我没把整
堂课的时间拿来做基础运算，所以有时间来帮助孩子理解数
学，学着喜欢数学。各位可以在各个班级里、家里的餐桌上，
或是开车接送孩子们的途中进行以下三项活动。

## Buzz

孩子们和我都喜欢玩 Buzz，这是个 10 分钟长的数学练习，
可以有各种变化，我每个礼拜都会和学生玩上好几次。全班
起立，我随便选一个数字——假设是 3 好了，他们不可以把我
选的数字大声说出来，在游戏过程中只要出现 3，就要用 Buzz
这个词来代替。接着全班开始数到 100，学生要依序念出下一
个数字。例如，如果选 3 当 Buzz，第一个学生会说"1"，第
二个学生说"2"，第三个学生说"Buzz"，下一个学生则说
"4"。下一个说数字的人是由我来指定，而不是按照顺序。这
么一来，玩游戏的时候每个人都要专心注意下一个数字。以
数到 100 为例，遇到 23 和 73 的时候都要说 Buzz，因为这两个
数字里面有 3。答错的学生就坐下来，看看数到 100 的时候
还有谁站着。这个游戏到了"30"时就变得特别刺激，因为
接下来的 10 个数字都要用 Buzz 回答。学生们要很专心：在这
一连串数字以后，被指到的人要在正确的时机说出 40 才可以
过关。

随着孩子们的成长，你可以加入新的元素（例如乘法或
分数）来挑战他们。举个例子，如果禁忌数字是 6，那么孩子
们可以这么玩：

1

2

3

4

5

Buzz（不可以说6。）

7

8

9

10

11

Buzz（不可以说12，因为是6的倍数。）

13

14

Buzz（不可以说15，因为1 + 5 = 6。）

Buzz（不可以说16，因为里面有6。）

17

Buzz（18是6的倍数。）

我们也可以换另一种玩法，例如不让学生说质数。看到学生在轮到自己的时候绞尽脑汁思考的模样，真是件很有意思的事情。你会看见他在心里默默运用着四则运算的规则，然后说出数字或用Buzz代替，这个时候其他30多名学生会安静地等着。他专心在算，而大家也都给予尊重，因为每个人都遇到过这种状况。当学生最后说出"91"的时候，我问全班同学他为什么不用Buzz来代替。学生们回答：13 × 7 = 91。这个回答在我听来就像音乐般美妙。这个游戏带来的欢笑和兴奋感受，以及让学生们学到的许多事情，都是做练习题无法达到的。

## ∾∾∾∾ 玛西·库克(Mercy Cook) ∾∾∾∾

如果你知道玛西·库克是谁，那么你应该已经知道她是协助学生理解数字方面的天才。她的确就像广告上所说的那么棒。

不熟悉玛西的父母和老师可以上她的网站 www. marcycook-math. com 看看，你们不会失望的。

我在 20 多年前的一次教职员发展会议中遇见玛西，因为她，我在协助孩子理解数学的方法上有了改变。我用她发明的两种方法使数学课更有趣、更不吓人，而且更有意义。

**心算暖身**

不少老师羡慕第 56 号教室在转换上课科目时很流畅，我们一点都不浪费时间。我们班的数学课一定从心算开始，同时搭配使用玛西在她网站上大力推荐的"数字砖"，这么一来，从其他科目转换到数学课的过程就会顺畅许多。每一个数字砖都是一英寸见方的方块，上面分别印着数字 1 到 9。从 0 到 9 的一整组数字砖要一美元。我在很久以前就买了 35 套给学生使用，让他们用密封袋收好放在抽屉里。

在语法课结束时，我要学生把作业收起来。在他们收作业的同时，我们宣布一个心算题。这么做就抓住了孩子的注意力。他们一边听问题，一边安静地把语法作业收起来，并且把数字砖拿出来放在桌上。宣布心算热身题的优点是让全班一同参与。解出答案时，每个学生都会选出他认为对的数字砖，高高举起。我没有叫任何人回答问题，所以没有人必须站在聚光灯下，也不会有伴随尴尬而来的恐惧。看着全班学生高举着答案，我马上就知道谁已经会了，而谁需要协助。幼稚园学数数儿的小孩可以玩这个游戏，学三角函数的初中生也可以用它来找余弦。

雷夫：好，孩子们，每个人心里想着 7（他们照做了）。

乘以 4（孩子们默默地想着 28）。

加倍（56）。

减 50（6）。

给我看答案。

学生们立刻把 6 的数字砖拿起来。

我很喜欢把其他主题加到心算游戏里。我们想要孩子们知道的数字是那么多。

雷夫：从美国的州数开始（50）。

加上一打（他们现在想着 62）。

减去最高法院的法官人数（孩子们减去 9 得到 53）。

加上半个月的周数（有两周，现在孩子们得到 55）。

除以 11，然后给我看答案。

每个学生都把 5 举起来。孩子们能在脑中牢记这么多的讯息真让我感到惊讶。

雷夫：从一加仑有几品脱开始（8）

加上棒球赛的局数（17）

乘以厘米之于毫米的倍数（170）

减去美国参议员总人数（70）

减去半打（64）

给我看平方根。

数字 8 闪电般快速出现。

在学年结束之前，我班上的学生学会了公制单位、分数，以及各种帮助我们记忆科学、历史以及文学的数字。这个简单的小游戏帮孩子们热身，让他们开心又充满活力。在专注于当天要学的技巧之前，他们已经充分做好了学习的准备。

我见过优秀的老师们利用这个游戏加强学生对几何和三角函数、元素周期表，以及美国历史中重要日期的记忆。它玩起来简单，花的时间也不多，而且让孩子们乐在其中。许多学生也会自己玩这个游戏，并替全班设计问题。

## 玛西·库克数字砖问题

玛西·库克为各个程度的学习者研发了书籍和课程。她所贩售的"任务卡包裹"里有 20 个独一无二的问题，每个问题都是针对某个特定技巧和搭配数字砖进行心算练习设计的。

最基础的任务卡是设计给年幼的学生学数数儿用的。卡片上有动物或物体的图像，图像旁边则有一个让学生放入正确数字砖的方格。在每张卡片上，这 10 个数字砖都不能重复使用，以便学生自行更正。如果孩子认为数字 3 是答案，但是数字 3 已经用过了，那么他就知道有地方弄错了，接着根据这些线索去移动数字砖，不需要划掉或清除答案。

更高级的任务卡着重于算数或其他技巧。每张卡片所教的内容并不只是基础的计算而已——卡片特别之处是，学生在玩的时候必须针对一系列的任务进行评估。

下图的卡片范例上有 5 个题目。学生手上有 10 张数字砖，每张数字砖都有对应的方格。请看范例左下角的题目。我们可以用 4 和 3 来解题，因为 $4 \times 8 = 32$。但是，这题也可以用 9 和 7 来解，因为 $9 \times 8 = 72$。学生必须同时解开 5 个题目，才能找出每个数字砖究竟该放在哪个方格。正中央的题目有很多种解法，因为 0 被任何数字除都等于 0。做题目的人被迫尝试多种解题组合，直到发现和个别空格相应的正确数字砖为止。

经验、能力兼备的学生马上就能看出右上角的题目只能用 1 和 8 来解。虽然 0 × 8 = 0，但因为 0 的砖块只有一个，所以这个答案不可能是对的。

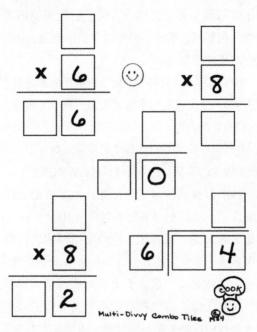

Multi-Divvy Combo Tiles

　　反复练习到毫无乐趣可言的学生不是知道答案，就是不知道答案。相对于此，玛西·库克所设计的课程既丰富又有深度，提供给我们另一种选择。她的教材确实增加了数学课的趣味：在帮助落后学生复习基础概念的同时，也让程度好的学生有所提高。很多五年级学生都会做分数相加的题目，但是他们能把每一块数字砖都派上用场，找出三组相当于1/4、1/3，以及 1/2 的分数吗？玛西的工具强调数学的乐趣和学无止境的道理。我班上优秀的学生都明白，数学方面的优异表现来自于学习的过程，而非上完每一章时要进行的考试。

　　此外，玛西的课程大多包括了多样化任务和多组数字砖。

我常常让 3 个学生一起用 30 块数字砖解题，每块数字砖都要用到一次。如此一来，孩子们不只做了数学题，还学着分工合作。他们学习倾听彼此的意见，也从中增进沟通技巧。突然之间，这项作业超越了数字的世界，孩子们发现他们置身于一个魔法天地。在那里，勤勉、思考以及快乐合为一体，创造出我们理想中的高质量教育。

显然，数学题和游戏只是个开始。我将在后面的章节讨论更多进阶的思考技巧。但重要的事情要先做：孩子如果想未来持续在数学这一科有好的表现，就必须真正爱上数字。就像阅读一样，优秀的孩子在任何时间都找得到数学的乐趣。数学不是周一到周五早上 9 点半发生的事情，它每时每刻都在我们身边。

最近，孩子们和我访问了芝加哥，为某个商业团体表演莎士比亚的作品。他们想要到硬石餐厅（Hard Rock Cafe）小吃一顿，这是本班的一项传统。我们利用排演的休息时间冒着风雪从饭店步行至安大略大道（Ontario Avenue）上的餐厅。孩子们很爱一边用餐，一边看着店里那些仿佛诉说着流行音乐历史的各项纪念品、心里默默祈祷着老师会去买 T 恤送给大家。侍者到我们这桌来服务的时候，我刚好去上洗手间。他见到一群孩子上门，就去拿蜡笔和菜单给他们着色。当他回来的时候，孩子们咯咯地笑着解释说，侍者不需要在他们等待上菜的时候提供娱乐方式，因为他们可以自得其乐。我回来的时候，孩子们正精力充沛地玩着 Buzz 游戏，而侍者就坐在我的位置上，玩得比孩子们还起劲。他对我说："真希望我读五年级的时候也有人这样教我。"

# 第六章
## 我们不会被骗第二次

"这关系到你的一生!"激动的老师对露西尖声叫喊着。"你的未来就靠它了!给我坐下,闭上嘴,给我认真一点!"露西今年9岁,即将参加本州的数学测验。

我目睹了这一切。后来,露西告诉我最让她害怕的,是她的老师整个人失控,甚至对她吐口水。

标准化测验已经成为本校的梦魇。在沉重的测验包袱下,老师们再也没有充分的时间好好教授学生应该精通的科目。孩子们因为参加测验而疲惫不堪,最后累得连自己的测验分数都不在乎了。这种情况衍生出许多悲哀的讽刺,其中最深刻的是:标准化测验旨在帮助孩子们成功,却在实际上加速了他们的失败。

我们班级在标准化测验的表现很好。在本章稍后,我将与各位分享帮助学生准备这类考试的一些方法。但我要先澄清的是:席卷全国各校的这股测验狂热,对于儿童开发学习和个人潜能是有害的。

我不反对测验,因为我们需要评估孩子们的学习状况。精确、公平、合理的测验能帮助家长、老师,以及学生了解"已经精通"和"需要加强"的地方分别是哪些。拥有精确的数据对于教学与被教双方都很受用。

然而,现今考试制度已经出现问题了。我们把过多的上课时间花在考试上,导致孩子们对分数越来越冷漠。例如,在

2005 年 4 月，我教的五年级学生参加了由加州政府所举办的史丹福九号测验。此测验会将年度总和结果印在成绩纪录上。而学生们一直到 10 月才知道结果！足足等了 6 个月！他们从来没有过检讨题目的机会，无法从答对和答错的题目中学到些什么。他们拿到的是对他们而言什么意义都没有的百分点数字。最热衷于测验儿童的人，却创造出这么差劲的学习环境，这可真是讽刺！事实上，许多受人尊敬的教育家都怀疑测验公司根本不在乎孩子们的表现，他们只想在成绩不佳的学校身上大捞油水，利用我们对失败的恐惧日进斗金。请各位思考以下的情况：

◎每周，我班上那些 10 ~ 11 岁大的学生们都要考拼写和词汇。

◎每周都参加州政府规定的数学测验。

◎每年参加 3 次州政府规定的自然测验。4 ~ 6 小时就这么平白浪费了。

◎许多外籍学生要参加英语测验，以向学区证明他们能流利使用这种语言。

◎每年都要参加 4 次由学区举办的读写测验。每次测验占用大约 10 小时的授课时间。

◎每年参加 4 次由学区举办的数学测验。每次又占去 1 ~ 2 小时。

◎每年交给学区 3 篇作文。每篇文章至少要花一整天才能完成，而且孩子们从没看到过结果。

◎在每一学年结束前，学生们会花两个星期参加加州测验。

容我模仿已故哥伦比亚广播公司（CBS）当家新闻评论节

目主持人爱德华·R·默罗（Edward R. Murrow）的口气说："这就是事实。"如果你也认为我们的体系太荒唐了，那想想看，我们的孩子会有什么感觉。即使如此，仍有许多孩子选择坚守阵地，证明他们的勇气和能力。

在与各位分享帮助孩子们在这场战争中求生的诀窍之前，我要澄清一点：这些标准化测验只是"为测验而测验"，除此之外什么都不是！报纸每年至少会刊出一次标准化测验结果，让大众看看各校表现如何。这些测验分数对于学校的未来可能有着决定性的影响。成绩不佳的学校经费会遭到删减，并且列在观察名单上。

不过，请先暂停一下。这些测验分数并不精准：它们或许指出了某些趋势，但大部分的事实是，州测验并未设置监考人员，通常是在无人监督的情况下进行的——在教室里的，只有该班的老师和学生而已。学生对我说，有的老师站在学生背后，暗示（咳嗽）或明示（用手指戳或耳语）答案是对或错。如果测验有时间限制，老师干脆就让学生晚点交卷。

负责阅读计划的读写指导员会在测验日之前和老师们碰面，并做出令人不敢置信的事情——把阅读测验的题目拿出来给老师看（他们称此为"测验预览"）。老师们则在细读试题后把学生们需要理解或记忆的单词逐一记下，再告诉学生会考什么，数日之后施行测验。

"孩子们在测验时表现得比平常更好"，真是太神奇了！读写指导员事后可以利用这样的结果吹嘘他们的训练系统多么有效。我知道有很多老师拒绝参与"测验预览"，然而不可思议的是，还是有很多老师都参加了。显然，参加的老师已经说服了自己，认为在测验前公布答案的行为是可以接受的。我们就坦诚一点吧。"告诉孩子们要考乘法，并教他们乘法来帮他们准备考试"是一回事；而"要孩子们记得明天要考试，

71

还说第一题的答案是 432"却是另一回事，两者绝不能一概而论。

## ～～～•～～～ 如何学习 ～～～•～～～

尽管我们班的学生事先不知道会出什么题目，他们仍然在测验时有很好的表现。我们看待测验的态度是很严肃的——**本班班训中的一条，就是"凡是值得做的事情，就值得好好做"**。不过，我们不会花费大量时间准备特定测验。我的做法是让学生学会有效的读书方法。

多年前，我听了在曲棍球界素有"史上最伟大的球员"之称的"冰球皇帝"格雷兹基（Wayne Gretzky）的访谈，并受到他深远的影响。格雷兹基谈到了他和他父亲的关系，特别是他如何在父亲的教导下养成良好习惯的经过。格雷兹基小时候问父亲可不可以到外面去滑冰，他父亲的准许是有条件的：不准随意滑冰，要练习特定的动作和射门。他在很小的时候就懂得要有效练习，不要浪费时间，而这个早年养成的习惯也助他一臂之力，使他成为史上最伟大的曲棍球运动员。

读书也是一样的。我教我的学生：**怎么读比读多少更重要**。所以他们知道，要达到有效的读书目的，就必须"模拟考场情况"。

有些认真的学生在准备词汇测验时的态度是用功用错地方的经典例子。他们自制字卡，在卡片的一面写上单字，在另一面写上定义，有空的时候就自问自答一番。这个方法对有些孩子来说似乎有效，但在我的经验中，考试表现不佳但发出"我有念书啊"等悲鸣的人数远多于前者。

他们确实很用功，但没有采取有效的方法。应试时，学生必须在试题纸上写出单词和定义，自制字卡是无法模拟这种考场情况的。作为老师的我们有义务让孩子们知道这一点。

让我来举个例子。假设孩子们要参加数学测验，在测验前一天放学前，我一定会花时间提早讨论当天晚上他们应该怎么准备考试，以及用什么态度做准备。我当天不会给他们留家庭作业。我们之间的对话通常是这样的：

雷夫：各位梦奇津人①，你们今天表现得很好。谁记得明天会发生什么事？

艾瑞克：明天有数学测验。

雷夫：就这样？

艾瑞克：要考整数。

雷夫：既然大家不用写家庭作业，你们今天晚上很轻松啊，对不对？

全班：不对！

雷夫：那你们今天晚上要怎么过？你们会把数学课本拿出来看吗？

全班：不会！

雷夫：为什么？

苏：因为我们明天不会看数学课本。

雷夫：没错。那明天会发生什么事情？

苏：你会出题目考我们整数，我们要把题目写下来，然后解出答案。

雷夫：苏，你说的完全正确。谁可以把他今天晚上会做的事情告诉我？

艾德加：我会做第65页上的题目。这一页是对整章的复习。

雷夫：可是你已经做过啦。我没有要你们再做一次。

---

① 《绿野仙踪》中住在奥兹王国的梦奇津人，是一群热心助人、负责、令人喜爱，但身材矮小的好人。

艾德加：我不是因为你要我们做才做的，是因为这一页的题目跟你明天会考我们的题目很像才做的。我想模拟考场情况。

雷夫：你在做题目的时候会听什么音乐？

艾德加：我不会听音乐。

雷夫：可是你很喜欢音乐啊，艾德加！

艾德加：我是很喜欢音乐，但是明天考试的时候不会放音乐。我要在和考场完全一样的环境中做题目。

雷夫：那你呢，雅各？

雅各：我要做第 262 页上整数相减的题目。有些我没做到，要加强练习。

史蒂芬妮：整数相减的题目习题本上还有很多，你可以做做看。

雷夫：确实如此，你可以做做看。你有什么想法呢，薇拉瑞亚？

薇拉瑞亚：也可以自己设计题目。

雷夫：要是今天晚上遇到不懂的题目，该怎么办？遇到这种情况的时候你们会怎么做？

蓝迪：可以打电话给朋友。

鲁迪：可以打电话给你。

杰西卡：我们明天可以早点来学校，请你帮忙。

雷夫：我一定会帮忙的。还有，我认为你们今天晚上应该熬夜准备到半夜。

全班：不对！

雷夫（假装很震惊的样子）：真的吗？为什么？

全班：我们要早点去睡觉，因为睡眠很重要。如果我们精神很好的话，明天就会考得比较好。

这些都是用有效方法学习的孩子。他们已经做到了如道德第四阶段所要求的，他们读书是为了自己，不是为了别人。他们做好了准备，而且心情很放松，在考场上也有出色的表现。

## ～～～•～结果～～～•～～～

父母和老师可以通过讨论考试结果来帮助孩子，让孩子明白"行动"和"成果"之间的相互关系。然而，当全国的注意力都聚焦在测验上时，我们往往会在孩子身上施加过大的压力。这不但让孩子们过着悲惨的生活，也降低了他们做出最佳表现的机会。

有些老师对学生说，他们的未来决定于测验的分数；有些老师提醒孩子们，表现不佳会让父母与老师颜面扫地。在第56号教室，我会告诉孩子们几件可以帮助他们放松的事情，以便考场上有更好的表现。

首先，我要他们告诉我，以前他们考不好的时候老师都怎么发火的恐怖故事。我们常常讲到笑翻天，因为这么做有助于放松。接着，我向他们说明一个重要的概念：测验就像温度计，它是一项测量工具，就这么简单。只是它测的不是温度，而是对某项技巧的理解。我会提出一个问题：要是他们某次数学没考好，会有什么实际结果？他们的未来是不是完蛋了？第二天太阳是不是照样升起？孩子们需要了解，一次没考好并不代表是世界末日。爸妈还是爱他们的，我也是。如果学生在某次乘法测验中表现不佳，只代表着一件事情：他还不了解这个技巧，而我很愿意再为他讲解一次。从"信任"的主题上看，我说到做到。我前后一致的行动让孩子们知道我不会放弃他们，也不会因为某一次测验的分数生他们的气。身为大人的我们，必须努力帮助孩子们安全渡过分数的陷阱。

父母和老师必须牢记在心：**绝对不可拿某个学生的测验分数跟另一个学生相比，一定要用学生自己过去的表现来衡量他现在的进步**。世界上总是有更会阅读、数学更强，或棒球打得更好的人。我们的目标是开发每一位学生的特质，尽可能让他成为一个特别的个体。身兼教师和父亲角色的我，也一直在学习和改进当中，我会用自己过去的行为作为标准来衡量我的成功或失败，但从来不拿自己和另一个老师或其他父母相比。

## 应试技巧

许多好老师都会协助学生了解"很会考试"的重要性。考选择题的时候，"会不会考试"往往对成绩有着决定性的影响。SAT 可能是最好的例子：因为应试技巧对考试时学生的影响也很大，有助于理解力的提高。我通常用以下的几个策略帮助学生解选择题。

上数学课的时候，我设计了一个活动，让孩子们因为觉得自己很聪明而爱上它。在我们玩完心算游戏或是一轮 Buzz 之后，就开始做一种很特别的题目。题目可能简单如加法，也可能复杂如代数，我通常会在教完技巧后出 10 ~ 15 个题目给孩子们练习。例如，在出题给孩子们自己算之前，我会在黑板上多出一道题目：

$$63$$
$$+28$$
$$\overline{\phantom{xxxxx}}$$

A.

B.

C.

D.

雷夫：好，同学们，假装这是你们斯坦福九号测验的题目。我们都知道，斯坦福九号测验会决定你们未来的快乐、成功，还有你们在银行里有多少钱（孩子们咯咯地笑了）。谁知道答案？

全班：91。

雷夫：很好。我们把91放在选项C。有谁可以告诉我选项A会是什么？

伊索：35。

雷夫：太棒了！为什么是35呢，伊索？

伊索：好让把加法弄错成减法的学生选。

雷夫：完全正确。谁来给选项B设计一个错的答案？

凯文：81。给忘记进位的学生选。

雷夫：又说对了。班上有没有很聪明的侦探会给选项D设计答案？

保罗：811可以吗？给乱加一通又忘记进位的学生选（全班大笑）。

在第56号教室，**孩子们知道选择题是精心设计的结果，在正确答案以外的其他选项很少是随便填写的**。设计考题的人都是预测学生会在哪里犯错的专家。当孩子们在解题过程中出了错，然后看到选项里有他所算的（不正确）答案，就会认为自己一定没错。我们班的学生喜欢扮演侦探，"找出"以及"回避"潜在陷阱的过程让他们乐在其中。

如果数学测验有20道选择题，第56号教室的孩子们会视之为80道题。他们的任务是找出20个正确答案和60个不正确答案。听见班上学生在标准化数学测验中发出的声音,总让我情绪异常激动。最常听见的声音是发现陷阱的"咯咯"轻笑。因为孩子们很爱这种识破测验陷阱的感觉,所以才会在发现一个又一个陷阱时忍不住笑出声来。

提高应试技巧的下一个策略,与订正模拟考题的答案有关。我们不能只是说出答案让他们自己打分,这样会错失强化学生能力的良机——"订正答案"就是一个好机会。

在第 56 号教室订正答案时,假设我问第 17 题的答案是什么,学生不准只回答 C,**回答的人必须解释选 C 的理由,并进一步说明为什么不选其他答案**。这么一来,孩子们被迫要检查、考虑、分析该考题的所有选项。如果我们改的是"阅读练习",孩子们就必须告诉我选 A 是因为"可以在第二段第三行看到问题的答案",还必须说明为什么其他的答案是错的,以及其他选项的用字遣词如何让学生不经意掉入陷阱。

以口述方式批改模拟考分数,等于是带着孩子们预演考场上的独自思考过程,从而有效模拟考场情况。我们必须经常敦促孩子们多多运用批判性思维,要求他们为自己在课堂上说出的答案提供合理解释。在对待模拟考的严肃态度中,孩子们学会了用相同的魄力——击破真正的考题。这样的魄力将成为他们能力的一部分,而他们所学会的应试技巧也将在未来的人生道路上助他们一臂之力。和其他同样聪明的学生相比,他们总是略胜一筹。哈姆雷特说得好:"有备无患。"

## 人格品性才是教育本质

测验发展至今,变得有多疯狂?许多来自外校的老师在参观第 56 号教室之后，仍与我保持礼节性的联络。今年就有一群曾于本教室受训的老师寄圣诞卡给我，天呀！里面还附了测验成绩单，我真不敢相信。

我总是提醒学生：一生中最重要的问题，永远不会出现在标准化测验上。不会有人问他们第 56 号教室所重视的议题："品格"、"诚信"、"道德"与"胸襟"。我们为什么会如此漠视这些人生重要课题？或许是因为稍稍提高分数很容易，教导诚信和道德的难度却很高。然而，我们如果想培育非凡的学生，就必须正视这些议题。

我和霍伯特的小小莎士比亚们在旅行途中的每个小时，都会因为他人的称赞而暂停脚步。有些人认得我们，有些人不认得，但他们都有一个共同点：从不问我们测验分数和在校平均成绩。他们之所以拦下我们，是因为孩子们极为得体的举止。人们注意到他们的礼仪、倾听技巧，以及出于对他人的尊重而压低说话音量的行为，这些都是同龄孩子普遍欠缺的。会考试固然好，但更值得称赞的是价值观——我的学生知道许多比 SAT 成绩更重要的事情。

几年前，有人把他在俄勒冈州莎翁戏剧节目睹的事情写下来，向《洛杉矶时报》投稿，并获得刊载。信中叙述有辆垃圾车翻了，垃圾满街都是。一群少年越过马路去捡拾垃圾，还帮司机让垃圾车恢复原状，他们仁慈又乐于助人的行为让作者大为感动。今天，这一群孩子已经进入加州大学、西北大学，以及圣母大学就读。他们之所以能进大学，是因为他们在学校时很用功，做了比一般学生更大的牺牲，而且考试考得很好；其中一位甚至在 SAT 测验中得到满分。但我更为他们在俄勒冈州帮陌生人捡拾垃圾的行为感到骄傲。在一个课堂中强调"测验分数就代表自己"的年代，身为大人的我们必须付出更多努力，去让孩子们知道测验分数不过是他们人生中很小的一个部分，人格品性才是教育的本质。

# 第七章
## 世界真美好

　　或许在不经意之间，山姆·库克（Sam Cooke）和数十位歌手柔声唱出了现实的情况："对历史的了解并不多……"（Don't know much about history...）这段朗朗上口的流行歌曲，一针见血地点出了时下青少年对历史，以及对历史在现今生活中重要性的了解是多么有限。从美国各校目前的情况来看，这种现象是可以理解的。请各位思考以下叙述：

　　◎众多小学太过强调阅读和数学的成绩，造成教师把全部的时间都花在这两个科目上。有些班级很少上历史课，有的干脆不教历史。

　　◎不妨在下一个节日前随便找几个学生问问，看他们知不知道放假是为了庆祝什么，孩子很可能说不出正确答案。独立纪念日？阵亡将士纪念日？孩子对于重要节日一问三不知的现象意味着什么？但扪心自问：我们可以全部都怪孩子吗？在我任教的小学里，教师不久前才投票取消了所有的马丁·路德·金博士日活动——因为太费时了。取而代之的方法是把金博士纳入年末"多元文化日"教学的一部分。

　　◎没有一个学科像社会科学这样备受冷落。我们有黑人历史月，这是否意味着非裔美国人在其他月份没有历史可言？

多年前，在课余时间从事歌曲创作的数学老师汤姆·李尔写了一首嘲弄"全国皆兄弟"的搞笑歌曲。讽刺的歌词悲哀地提醒着我们，当我们反省美国是不是一个团结的合众国时，多数的儿童根本连美国是合众国都不知道。

◎提笔撰写本书时，美国在伊拉克的战争已达三年之久。一日，我去某校主持教职员发展课程时，即兴拦下了 25 名七年级学生，给他们看一张标有各国国名的世界地图。结果呢？你猜对了——没有一个学生找得到伊拉克在哪里。

学年结束时，第 56 号教室的每个学生都能在空白的世界地图上标示出最少 150 个国家，谈到美国的历史也能滔滔不绝。从 1820 年的密苏里协议到 1863 年的葛底斯堡战役，再到 1972 年的水门事件，他们都能按照时间先后娓娓道来。他们也能区分老罗斯福（Theodore Roosevelt）和小罗斯福（Franklin Roosevelt），而现今多数学生连一个罗斯福总统都没听说过！以下是我为了让第 56 号教室的学生熟悉历史所做的几件事情。

## 遨游世界

近年来，网络已经成为地理教学的一项宝贵资源。众多网站都提供精美地图，其中 www.worldatlas.com 是我的最爱。这个网站的设计很简单，是由世界每个地区的略图所构成的，每张图都可供打印。它还有以编号取代地名标示的地图和配套练习题。我们每天会花 10 ~ 15 分钟用该网站上的工具来学习。

我们依照地区的复杂性，来决定用多少时间来学习该区块。比方说，南美洲相当简单，非洲和亚洲显然较为困难，因此我们可能只用短短一个星期介绍南美洲，用长达一个月的时间认识非洲。

在学生学完世界各国、知道国名的拼法之后，我们会玩一个深得孩子喜爱的游戏——"小组积分"。玩法是约6个人一组，组员肩并肩地围坐在课桌上，不能看地图。我一开始会在教室内走动，问各组简单的问题，答对可以得到1分。例如：位于俄克拉何马州正南方的州叫做什么（得州），列举濒临太平洋的5个州（阿拉斯加州、华盛顿州、俄勒冈州、加州，以及夏威夷州），列举2个和佛罗里达州相邻的州（佐治亚州和亚拉巴马州）。各组成员听到问题以后会先讨论再回答，这么做可以同时练习**"团队合作"**、**"倾听技巧"**，以及**"协商让步"**。他们必须在脑中建构一幅地球全图，将上面的国家化成自身知识的一部分。

累积达20分的小组可以得到"奖金"（详见第十一章）。这个小游戏的优点之一是，就算某组先拿到20分，其他组仍有得到奖金的机会。得分达到20分的小组可以先领取奖品，之后再从0开始累积点数，其他组则继续答题，直到分数累积到20分为止。如此一来，孩子们不会相互对立，各组都只想着如何答出正确答案，而且好的回答往往能赢得对手的掌声。"小组积分"的得分会累积一整年；这个游戏会一直继续下去，就像历史一样。

在各组连续答对几个一分题之后，游戏的挑战性会分两方面提高。首先，题目的难度增加。例如：列举12个和加拿大相邻的州；列举和内布拉斯加州相邻的 6 个州；说出位于阿根廷西方的国家叫什么。请注意，孩子们是在看不到地图的情况下作答的。另一种挑战是不针对特定组别提问，开放让全班学生答题，即"举手抢答题"。不过，我附加了一个叫做"得四扣七"的重要规则，也就是答对得 4 分，猜错倒扣 7 分。这么做是要强迫学生**先思考再说话**。我们都见过很喜欢抢第一、引人注目、胡乱喊出答案的学生。学生一旦学会三思而后行的技巧，在学校和人生中的每个领域都会有更好的表现。

## 学习的延伸

一个科目是单调乏味还是引人入胜，授课教师往往扮演着决定性的角色，这种情况又以社会科学最为明显。多数历史课都从某种教科书开始，然而，就算教科书编写得再好，也不可能把每一个事件照顾得面面俱到，让学生们能够时时感受到读历史时应有的高度相关性、兴奋感，以及乐趣。好的父母和师长会使用额外的教材来补充教科书的不足。

比方说，"电影"就是一项帮助学生喜爱和了解历史的有力工具。在第 56 号教室，我会用大银幕来介绍每一个节日。我们不用观赏电影的方式取代日常课程——电影会在放学后播放，让孩子们对课堂上所介绍的历史事件有更多认识。就像有声书一样，老师也不该趁播映电影时偷闲。在放映电影之前，我会提早在教室的"近期上映栏"公布片名，让孩子们开始期待；也会事先讲解他们可能看不懂的片段，帮他们做好准备。在 DVD 还没开始放映之前，孩子们都已经准备好要乐在其中了。

中高年级教师放映电影比较麻烦，因为上课时间不够看完一整部片子。有些老师在课堂上充分把握时间播放电影丰富授课内容，但一部片子分好几天播映常使效果大打折扣。我的建议是：虽然这么做并不会让老师的生活更轻松惬意，但是在放学后播放是比较有效的做法。这么做能让孩子一次看完整部电影，在过程中或结束后都有更充裕的时间进行讨论。

以我自己的方式为例，我任教于全年制学校①，7 月开始上课，所以班上的学生都在劳动节（9 月第一个星期一）放一天假。一般而言，美国学生对劳动节几乎一无所知。根据我的保守猜测，本校学生 99% 不知道为什么要庆祝劳动节（这些学生的父母有 99% 也是同样的情况，这个另说）。我认为他们都该要知道才对。

为此，除了阅读劳动节相关历史和认识工会，我们还观赏了各类电影。有些片子是让全班在放学后一起观赏，有些则让学生借回家。马丁·里特（Martin Ritt）的《诺玛蕾》（*Norma Rae*）、约翰·塞尔斯（John sayles）的《怒火阵线》（*Matewan*），以及伊利亚·卡赞（Elia Kazan）不容错过的经典作品《码头风云》（*On the Waterfront*）都能引导孩子们去思考"劳动节"——不只是它的历史意义，还包括它和我们今日生活的关联。如果你想从另一个角度切入，不妨放映卓别

---

① 是美国延长上课天数的策略之一。其中最受欢迎的做法是将全年分成 4 个学期，每学期上 9 星期的课，各学期之间有 3 星期的假期，一年上课仍是 180 天。

林（Charlie Chaplin）的无声电影《摩登时代》（*Modern Times*）。介绍他们认识卓别林的才华（大多数学生不知道卓别林是谁），同时也是了解工业革命阴暗面的绝佳方式。

劳动节只是一个例子。审慎明智地使用电影来丰富历史，是带领儿童认识过去的有力方式。《愤怒的葡萄》是所有读到大萧条的学生不容错过的一部电影。《神经战线》（*The Front*）和《晚安，祝你好运》（*Good Night，and Good Luck*）也都是在课堂上解说何谓麦卡锡时代①的理想辅助工具。现在很多学生都看过斯蒂文·斯皮尔伯格（Steven Spielberg）的《拯救大兵瑞恩》（*Saving Private Ryan*）。有创意的老师可能会考虑播放 1946 年的老片《黄金时代》（*The Best Years of Our Lives*），这部电影总能使学生对退伍军人的问题产生深刻而崭新的认识。

然而不幸的是，许多老师放映电影是为了不用上课。家长和老师必须切记：**放映电影就像其他所有的事情一样，家长和老师负有定调和引导之责。**

纪录片也是绝佳的学习媒介。第 56 号教室的五年级学生每年都会在学到南北战争时，看完肯·柏恩斯（Ken Burns）的代表作《南北战争》（*The Civil War*）。孩子们不仅了解了大量的史实，还学习演奏了该系列中悠扬动人的南北战争时期音乐。此外，历史频道和 A&E 电视网络公司的 "名人传记" 系列也都提供了众多的优质纪录片。我通常会把上述纪录片复制借给学生回家观赏。孩子们需要一个认识历届总统，各国发明家、探险家，以及各领域杰出人物的途径，但是他们往

---

① 美国史上最为恐怖与黑暗的国家恐怖主义时期。

往在放学回家后浪费好几个小时收看没价值的电视节目或上网打游戏。何不给他们机会和怀特兄弟或金博士共处一小时呢？**对儿童而言，优质的纪录片能启迪心灵、增长见闻，并树立成功典范。**

**另一个让历史活过来的方式，是"播放历史性的演说"。**历史性的演说大多以 CD 形式储存，也可以在网上找到。无论你使用的教科书是哪一本，介绍肯尼迪政府时都可以播放肯尼迪总统闻名遐迩的就职演说作为补充教材。我在 Google 上找到这段演说之后复制给学生。当学生们听见肯尼迪总统的声音时，他说的一字一句都敲进了他们的心坎里：文字终究是比不上实物的。从肯尼迪、金博士、艾森豪威尔总统告别演说中的"军事与工业结合体"，到尼克松总统的辞职，录音提供了一个简便又有趣的方式，丰富了人们对过去的研究。

**我也利用文学"来帮助学生认识历史"。**身为小学老师，我认为教导学生认识北美原住民是非常必要的。狄·布朗的《魂归伤膝谷》（*Bury My Heart at Wounded Knee*）诉说了印第安战争①的悲剧史，为数众多的文学作品（包括非小说和历史小说）都描写了"哭泣之路"（Trail of Tears）②、伤膝谷③，以及红云（Red clouds）、疯马（Crazy Horse）等伟大酋长。

每个程度的学生都找得到适合自己的优秀历史小说。身为父母、师长的我们有责任把《约翰尼·特瑞美》（*Johnny Tremain*）、《内战那四年》（*Across Five Aprils*）、《杀手天使》（*Killer Angels*），

---

① 指 1775~1917 年，美国殖民和联邦政府与原住民之间的冲突。
② 切罗基人被迫迁往美国东部的印第安人保留地的悲惨旅程。
③ 此地曾发生伤膝河战役，导致苏族（Sioux）印第安人遭到大屠杀。

以及《行军》（*The March*）等书交到一个个充满好奇的孩子手里。对历史的热爱是培育出来的，而我们必须负起点燃这份热情的责任。

## 〰·〰〰给家长的好主意〰〰·〰

喜欢带孩子出门旅行的家长不妨参考这个想法。还记得国家公园局自 20 世纪 80 年代开始发行的小书《美国国家公园护照》（*Passport to Your National Parks*）吗？这本小书是家长在旅途中讲述历史的最佳辅助教具。这本书轻薄短小，各国家公园和纪念园区均有出售，也可以打电话或上网（www. eparks. com）订购。该书依地理区域编排，详细列出了美国各地的纪念园区和公园。孩子们也可购买有公园和史迹简述的特别邮票，邮票通常会附在手册的相应区域上。此外，每个国家公园的管理处都提供类似护照的印章，上头刻着造访的地点和日期，让孩子们可以盖在书上。

这本小书广受各年龄层学生的喜爱，我班上的学生就常常在飞机上或车上把它拿出来读。他们不但记得自己曾经到过哪里，对于想要访问的地方也有了更多的认识。小书的页面编排是以 5 年为期。学生们从第 56 号教室毕业后会继续用它来记录自己访问弗雷德里克·道格拉斯（Frederick Douglass）故居①、赛罗国家军事公园（Shiloh）、大提顿国家公园，

---

① 在美国黑奴尚未废除之时，弗雷德里克·道格拉斯是少数懂得运用原本专属于白人的文字并取得自由身份的黑人。他在 1945 年出版了一本跨时代的自传《弗雷德里克·道格拉斯生平记述：一个美国奴隶》。他也是纽约州废奴主义的领袖。

或普罗蒙特里丘陵① (Promontory Point) 等地的旅程。许多校友长大后也会替自己的孩子购买这本小书。《美国国家公园护照》比任何教材更能帮孩子们了解**"历史是活的，而且从未停止"**——永无止境地探索着联结过去、现在以及未来之间的关系。

## ·∿∿∿ 第 56 号教室最喜爱的历史作业 ∿∿∿·

每年教完美国独立战争时，第 56 号教室学生会发现约克镇并非终点，而是一个起点。1787 年夏天，开国元老在费城承认联邦条例后旋即将之舍弃，转而起草美国宪法。这份革命文件是所有真正受过教育的学生必读的。其智慧远高于人们早已预言的：在距今数千年后，美国将以三项独特的贡献受到世界的敬仰：棒球、爵士乐，以及我们的宪法。

1976 年，美国庆祝独立 200 周年，举办了各式各样的活动来纪念与光耀我们的历史。有个聪明人提出了一个想法，我后来年年都在第 56 号教室如法炮制，帮助孩子们了解美国宪法前言。那位仁兄联系了各州和哥伦比亚的车辆管理局，申请了 51 张个人化牌照。牌照上的英文字母如果按照各州的顺序排列，其单词的发音就成了"美国宪法前言"(the Preamble to the Constitution)。这项极富创意的艺术品就在华盛顿特区的史密森尼美国历史博物馆展出。只要上 www.allposters.com 网站查询"前言"(preamble) 一词，即可以 10 美元购买一张展示海报。

---

① 象征横贯大陆铁路完工的金色道钉就是在这里钉入的。

这张海报就挂在第 56 号教室的墙上。每一年的孩子都会自制牌照（这里面还可以藏一些高明的笑话），做法是把美工纸裁切成 4×9 英寸的长方形，用马克笔、彩色笔，以及各种型号的乙烯基材质字母，尽可能让长方形美工纸看起来像海报上的牌照。可能由 4 个孩子制作加州的牌照，另外 3 个制作缅因州的牌照。这项作业需要好几个礼拜才能完成。到最后，所有孩子都认识了美国的每个州和各州的座右铭，也都完全理解了宪法前言的每个措辞。"全民福利"和"建立司法制度"都是孩子们铭记在心的句子。我曾见过高中生利用包括木料到金属等各种材料，以高超的技巧复制这件艺术品。这确实是一项不容错过的活动。

最近到华盛顿特区参观时，霍伯特的小小莎士比亚们非常幸运，有来自斯坦福的大学生们为他们引导。这群年轻男女参与了"斯坦福在华盛顿"计划，在美国首府从事各类实习工作。有些人为加州参议员工作，便邀请学生参观国会大厦。孩子们参观各景点时的表现，让斯坦福的学生们相当惊讶。孩子们优雅的举止让他们感到好奇，更不敢相信五年级学生竟然认得出画中所描绘的场景，以及环绕国会大厦圆顶的带状装饰。引导的大学生表示，这些小小历史学者的言行举止和知识，都是许多年龄更大、更"优秀"的访客所缺失的。

这些孩子不是天才，他们很寻常，就像他们的老师一样。他们是靠着用功和接触各项超越标准的活动，才变得如此突出的。我们进入参议院少数民族领袖的办公室时，班上某个学生注意到墙上的一幅画，"你们看，"索尔阿说，"那是哈利·杜鲁门。"这让斯坦福的引导者大吃一惊。我们需要更多像这样的 10 岁儿童。一位小女孩在我们回到饭店时甚至对我说："我很想大喊：'下地狱吧，哈利！'可是我不愿意打扰到参议员们。"她才 10 岁，所以，谁知道呢，或许有一天她会重回参议院，对议会同僚发表自己的见解，大肆抨击他们一顿呢！

# 第八章
## 火箭人

教书的经验有时会让你觉得自己微不足道、沮丧失意。就算一切顺利，也总会有某个人或某件事给你当头一喝，提醒着自己的不完美。不幸的是，我至今最痛苦（也最重要）的一项教训，竟出自于我的继女。

卡琳既美丽又聪明。她上公立学校，并在约翰·霍普金斯大学取得医学博士学位，目前从事肿瘤研究工作。几年前，她到第56号教室做一日访问。很自然地，我迫不及待地让她看我怎么教自然课。很多小学老师甚至根本不想尝试自然课教学呢！因此我志得意满地向我的宝贝科学家女儿展现了教学能力。

孩子们把书打开，阅读对细胞的解说。他们专心上课，偶尔被我的糟糕笑话逗得开怀大笑。我正确地回答了他们的问题，也带领他们认识了细胞的各个部分。他们把书合上，准备上下一堂课。全班学生都规矩、有礼，充分参与。自认把自然课上得很棒的我在问卡琳的感想时，没想到卡琳的评语是："这大概是我所见过的最糟糕的自然课了！"晴天霹雳！

我捡起碎落一地的自信，结结巴巴地替自己的表现辩解。我告诉她我每天给孩子们上自然课，其他老师都没有这么做。我们班会在一年内上完整本书，其他班则把书留在书架上，

92

把时间用来准备阅读和数学测验。最重要的是，有学生公开向我表示有朝一日想成为医生和科学家，就像卡琳一样。此时，卡琳追加了一句评语："不可能有这种事！这里的孩子以后都不会当医生。"请注意：对我说这番话的不是对教学一无所知的官僚，而是一位顶尖的科学家。结果她一语中的，那个班的学生在长大后果真没有人从事科学工作。带着受创的心情，我坐下来听她怎么说。卡琳告诉我，**孩子们上自然课的时候应该放下书本，拿起实验器材。他们必须观察、实验、记录、分析。最重要的是，他们必须失败，并从失败中学习。**

现在，从我班上毕业的学生已经有人在当医生，还有几个人从事环境科学工作。今天，从事科学工作的学生们来信告诉我他们的职业生涯始于第 56 号教室。因为卡琳的直言不讳，我做了些改变，从而得以帮助他人踏上科学研究之路，过一个既刺激又富有意义的人生。

## 敬请触摸

"自然课的教学重点，是让学生自己动手做。"这个概念不是新的，问题在于实践。自然课的设备往往是很多个班级一起共享的，或许可以用上一阵子，不过通常不到一年就会磨损、报销。老师都会有解说实验的指导手册，但若实验所需物品都不翼而飞了，空有指示又有何用？大多数的科学实验都少不了管理组，但老师却无力管理遗失或不当使用的教学用品。

在此，我要向各位介绍戴尔塔教育机构（Delta Education）。该公司的总部在新罕布夏，多年来我一直采用他们的

科学产品。这不表示其他类似的公司不如它——SK 科学器材、
教育科学公司，以及戴尔塔的伙伴企业 FOSS 都是优质产品的
供应商。我只是习惯用戴尔塔的器材，用起来顺手而已。

　　戴尔塔有一份中小学适用的科学器材目录，通常分为
"生命科学"、"地球科学"和"物理"三类。该公司也贩售
个别的产品（如显微镜或棱镜），而让我眼睛为之一亮的是他
们完整的"实验套件"，也就是装箱运送的一套完整的科学组
件。他们有不同的套件可供各年级依不同程度选择，而且器
材都很耐用。即使你自认并非科学专家，还是可以利用这些
器材带领孩子们上一堂很棒的自然课。

　　每组器材的材料可供一个班进行 12 ~ 15 次实验，每个课
程章节也都附有详尽的《教学指南》，为授课老师提供循序渐
进的引导。如果你愿意详读并预做必要的准备，会发现自己
原来也可以是这么棒的自然老师。《教学指南》清楚扼要地说
明了活动背景，并列出了要问学生的问题和详尽的实验步骤
指南。器材中甚至附有记录表，方便小小科学家们把数据制
成图表。

　　通常可以 4 ~ 6 个人一组进行实验，以便学习实验室以外
的技巧。他们分工合作，一起规划实验、汇总结果。这些活动
不只让孩子们接触自然科学，也强化了至关重要的团队合作
精神和我一直希望培养的班风。

　　不同的实验套件共涵盖数十个主题。我教的五年级学生
特别喜欢化学、DNA、腐蚀、火箭研究，以及星球生命方面的
器材。做完一套器材的实验约需一个月。第 56 号教室每天会
上 30 ~ 40 分钟的实验课，孩子们乐在其中，他们很多人都表

示最喜欢的课就是自然课。好几个孩子抱怨以前的老师"要大家打开书本、播放录音带，要大家照着做，她自己却上网购物"。感谢上天，我的女儿及时地击中了我的要害，我才得以免于没入平庸教师之海。

<hr>
## 捐款

自然课在小学中逐渐消失的原因有很多，其中之一不是秘密，那就是"缺钱"。老师领的薪水已经够微薄了，还要自掏腰包购买教学用品，真是荒谬。科学器材都很昂贵，一套优质的戴尔塔器材要价 300 ~ 400 美元。就算是最有教育热忱的老师，也没办法为了一年的科学器材支出好几千美元。以下就为各位提供一个走出这种困境的办法。

在开学后不久，多数教室会敞开大门欢迎家长参与会议或参与返校夜活动。这时，愿意尽一份心力的家长一定会说："有什么能帮得上忙的地方，请不要客气。"对于这些亲切的家长，我想到一个好的回应方式。我让他们知道我需要科学器材，并且把希望拿到的器材列表给他们看。如果他们原本有逢年过节买礼物给我的打算，我会转请他们捐钱，否则就必须动用班费。家长们（即使是经济不宽裕的父母）在得知受益的将是孩子的时候，往往会十分乐意捐款。

我们班的所需器材表可能列了十项内容，总值数百美元。我从没期望能在一年内买齐所有物品，但总能达到逐年增加班级实验室库存的目标。购入某项设备之后，我会再把新的对象列入器材表。

利用这个方法，我买到了一套戴尔塔科学器材。时间一年一年过去，我购入的器材也在逐渐增加。戴尔塔实验套件另一个优点是材料用完之后用 50 美元就可以回购。因为实验套件是我们班专用的，所以保存状态良好，可以一再使用。

这里要给年轻老师一个警告：募款时请保持低调。虽然家长们乐意伸出援手，但是行政人员就是有办法迫使这个做法中止，他们会找一些荒谬的规定来压制你。所以，务必请家长对捐款一事保密。更重要的是，请用明确清楚的措辞让家长们清楚：每一笔捐给孩子班级的款项都是完全出于自愿的。我就曾见过几位老师因为在这方面表达得不够清楚，而惨遭无妄之灾。

## ～～～•～～我没有时间上自然课～～～•～～

如果你是才教书一两年的小学老师，可能会发现自己有限的时间无法应对那么多的要求，所以根本找不到时间可以上自然课。有那么多读写指导员、行政人员，以及进度计划要对付，谁都会想举白旗投降。

如果你在从事教职之初找不到时间上自然课，请勿自责。这需要花很多时间建立班风，和学习有效教授阅读和数学的方法。自然课需要悉心规划。就算万事皆备，只欠要装满一个容器的盐，你也可能因为无法拨出 10 分钟到市场去买而无法进行实验。

但如果你知道自然课终将成为每日教学的一部分，就可以放宽心。新手老师的你会发现，早晨的时间大多用来教授语言和数学。一旦找到教学的节奏，就能在下午找到上自然课的空当。我也见过很多年轻的优秀老师交替上社会课和自然课。初出茅庐的老师所面临的挑战是：不管校方是否在乎孩子有没有上自然课，都能将自然课的价值和喜悦牢记在心，努力不懈，直到能每天给孩子们上这门课为止。

由于自然科学所费不菲，有些年轻老师试着逐年建立自己的自然课计划。他们尽可能使用学校的教材，再搭配一个月份的戴尔塔器材作为补充。第二年，老师可能就买得起第二套器材，学生们也可以进行两个月份的实验。只要有耐心并制定规划，任何年轻老师都可以成为该校远近驰名的巴斯德（Pasteur）①。

## 失败是好事

几年前，一群来自某所充满活力的特许学校②的教师到第56号教室进行一日访问。他们很棒，精力充沛、聪明开朗，而且非常关心学生。不过，我注意到他们的教学暗藏着一个很关键的错误——为了让孩子们有好的感受，从不让学生答出错误答案或出什么差错。

那个星期我们班刚好在做火箭。学生四人一组，利用分发的维京型火箭、操作指南以及材料进行组装。各组必须精确测量、规划、组装作业成品，才算完成任务。其中一组虽然做得很认真，却弄错了飞弹部分的配置。来访问的老师当中有几个人频频朝那一组走去，为孩子们示范正确的组装方法。有好几次我都必须以有礼但坚定的口吻要求访客让孩子们自己摸索。

---

① 科学家。代指会对人类有贡献的科学家。
② 特许学校（charter school）是另类教育和公办民营的一种。

访客（很小声地说）：雷夫，你都不知道啊，他们做错了。

雷夫：我知道啊。

访客：机翼都歪了。

雷夫：是啊，是歪了。

访客：发射架粘得太靠近火箭头了。

雷夫：确实如此。

访客：可是你就眼睁睁地坐在这里？

雷夫：是啊。

访客：他们的火箭会飞不起来呀！

雷夫：一开始会飞不起来……

访客：可是……

雷夫：他们接下来就得找出火箭飞不起来的原因。他们得回到教室自己好好想想。我们的科学家们一天到晚在做的事情不就是这个？

　　切记，"失败"是由身为教师的我们自行认定的。在第 56 号教室，飞不起来的火箭不是失败，只有当学生停止解决问题的尝试时才算失败。问题可能 5 分钟就解决了，也可能要花上两个月，我班上的学生就曾在建造一座大型云霄飞车时，遭遇回路向心力不足、无法让车子在轨道上安全行驶的问题。然而，不断经历失败试验的那两个月，却是全年自然课中最令学生们惊喜、兴奋的时光。最后，当云霄飞车大功告成之时，孩子们可以说那是他们自己做出来的，他们了解那座云霄飞车的物理原理。我也在那两个月期间展现了最佳教学，因为我决定闭上嘴巴，让孩子们自己摸索。

## 实验室小白鼠

　　高中实验课老师经常面临的最大挑战，来自于我们肤浅到令人难堪的国民价值观。我们必须持续对抗这种只要凭借着整形手术或丑恶行为就能盛名远播的价值观，才能将实验室工作所蕴涵的美好、荣耀，以及深刻的满足感传达给学生。和为艾滋疫苗或治疗癌症所做的努力相比，现今大多数的高中生更关心的是自己的手机铃声。

　　史宾塞·里姆斯，一位来自俄亥俄州贝勒方腾，实至名归的著名高中科学老师找到了问题的答案。就像许多优秀教师一样，他对授课科目了若指掌，充满教学热情。不幸的是，他任教的学校经费短缺，实验设备严重不足。然而他并未放弃，全心投入教学已有 30 年了。他申请各种补助，建立人脉，终于在学校里打造了一间大实验室。在史宾塞的实验室里，小小科学家们把时间奉献在惊人的计划上，取得成果之丰硕，是大多数老师根本不敢想象的。他的学生对 DNA 的兴趣远高于 MTV。

　　当然，就像所有杰出的老师一样，史宾塞也是一名挑战极限的先驱。他在行政人员和校内教师的反对下力排众议，坚持让实验室开放到午夜。学生们从俄亥俄州各地到此实验。他在实验室里发放设备，为踏上探索之路的莘莘学子提供指引，但总是让学生自行选择方向。他让孩子们自己探索，任由他们失败。为人师长所能做到的，他都做得尽善尽美，却仍遭遇到一个问题：他自豪地为在科学领域中追求卓越的学生们鼓掌叫好，学生们的同学却不是这么亲切。

毕竟，"书呆子"（nerd）和"怪胎"（geek）这些字都是我们这个国家发明的。对物理比对帕丽斯·希尔顿（Paris Hilton）更感兴趣的孩子，似乎总是遭到异样的眼光。在史宾塞任教的学校，为科学计划而孜孜不倦的学生受到同学的嘲弄，校内学生叫他们"实验室小白鼠"。"喂，你们看，实验室小白鼠来了！他们要去实验室里的老鼠窝！"即使是现在这把年纪，我都不确定自己是否能面对这种持续不断的恶毒耻笑。我很确定，16 岁时的我是一定受不了的。

幸运的是，史宾塞很了不起，面对奚落和辱骂，他没有反击，反而微笑以对，展臂拥抱。而他的身教，也为年轻学子们带来勇气。这些学生不但顺势接受了别人贴在他们身上的标签，甚至还将之印在 T 恤上。他们以一种"没错，我是实验室小白鼠，而且以此为荣"的心态，每天（而且每晚）自在地走过体育健将和校园美女身旁，到实验室做他们的实验。

校园里总有些居心不良的孩子喜欢侮辱热衷科学的年轻学子，嘲笑他们的计算机和培养皿。好的实验课教师会教学生如何回应这些无聊的嘲弄。我以前教过的一个学生（现于柏克莱攻读工程学位），在高中时代也遇过类似的问题。当时的他总是微微一笑，继续和伙伴们朝实验室走去。他的脸上时常浮现诡异的微笑，或许他心想："喂，浑球，何必这么大惊小怪？过不了几年，你们就会给咱们干活了！"

# 第九章
## 艺术爱好者

我没有艺术天分，一点都没有。我在黑板上画的任何东西——就算是一条直线——都会让全班学生歇斯底里地笑倒在地上，笑出眼泪。

我也是历史上惟一荣获"国家艺术奖章"的教师。各位猜猜怎么会有这种事。

我曾经少不更事地带着自信的笑容走进第一间任教的教室，深信自己可以改变世界。当我发现孩子们对第56号教室外的世界更感兴趣时，我相当气恼。我们学校有个管弦乐团，孩子们都争先恐后地申请入团。这表示他们一个星期有两天上午必须在上数学课时离开教室。此外还有合唱团，这又会占用一小时的上课时间。我不甘心让孩子们去上音乐课，心中暗自盘算着要给他们补上这3小时的课。

可是我大错特错了，其实我根本就不用担心那些学生。管弦乐团指导老师是居恩·雀乐登女士，她是我所见过的最优秀的音乐人才之一。在她杰出的教导之下，百十个从未受过音乐训练的学生，在一年内就有了演奏高难度乐曲的能力。工作之余，她还指导另一所学校的管弦乐团，并设立音乐奖学金。她广受孩子们的推崇和喜爱，他们都等不及地要上她的课。

当时的我以为学生上了音乐课，课业就会赶不上进度。结果令我跌破眼镜的是：参加管弦乐团和合唱团的学生，不但进度和其他同学并驾齐驱，而且表现还是全班最好的，这怎么可能（请别再窃笑了——我当时没经验又无知）？

我很快就明白一个基本真理：**接触艺术教育的孩子学到的，远远超过他们所学的艺术本身**。加入管弦乐团的孩子们不只学到如何拉小提琴或吹单簧管，也学到了纪律、责任、牺牲、练习、更正错误、倾听，以及时间管理。孩子们能拥有这套技巧对他们来说再好不过了，孩子们可以一边学习这套技巧，一边度过愉快时光。

信不信由你，有些老师非常可悲，甚至会阻止班上学生去上额外的艺术和音乐课。我称这些人为"哥白尼老师"，因为他们自以为是太阳系的中心！怎会有人如此傲慢地以为自己是惟一能和孩子分享有价值事物的人？真是太可怕了。

亲眼目睹艺术价值的我，立刻决定要把它变成班上的一部分。一个星期上两三个小时的音乐课固然很好，但我要他们拥有更多。惟一的障碍是我本人对音乐教育的认知有限。于是，我开始造访每一所著名的音乐、艺术或戏剧学校，累积了相当多的好点子，运用在我任教的班上。相对遗憾的是，我也见证了一些不使用艺术的失败的教育例子。

## 注意：让他们演奏

多年前，我有个学生琼安，当时我已经教了 25 年的书了。在我所见过的学生当中，琼安是最杰出的几位之一。她聪明、美丽，而且才华洋溢。她能演奏多种乐器，其中以钢琴和长笛最为拿手。她是钢琴演奏方面的奇才。挚爱她的双亲为她找来最棒的老师，而她也花了数千个小时使这项才艺更加精湛。

小学毕业后，她拿奖学金进了某所精英中学就读。该校在某学期将《康第德》（*Candide*）搬上舞台。琼安知道我喜欢这出戏，于是邀请我前往观赏。我一走进观众席，就看到琼安坐在大钢琴前。一想到能听见这个才华横溢的孩子演奏伯恩斯坦（Bernstein）的名作，我就兴奋不已。于是我在开演前去打了招呼，给她一个拥抱。此时我注意到了现场还有其他的演奏者，他们都是成人。琼安向我解释，学校雇用了专业的管弦乐团，让整场演出"臻于完美"。

这还不是最糟的。琼安在音乐上的造诣胜过许多成年演奏者，却只能演奏序曲——之后的两个小时是由另一名演奏者接手完成的。可是演奏整首曲子对琼安来说，根本是易如反掌。后来我才知道，接手的那名演奏者是学校的老师，他"只是想参与演出而已"。不会吧？可是像这种"搞不清楚焦点应该放在谁身上"的学校，实在太多了。

老师的一生当中，或许有机会教一两位杰出的艺术家。我们大多数人，即使有些天分、受过训练，也绝对无法像毕加索（Picasso）那样作画、像莎拉·沃恩（Sarah Vaughan）那样歌唱①，或像艾灵顿公爵（Duke Ellington）那样摇摆②。老师和家长都应谨记，上台表演的应该是"孩子"，即使他们并不完美。因为这正是艺术最美的地方——**我们追求完美，但**

———————————

① 爵士乐歌手，有"上帝的礼物"之美称，被誉为"拥有全世界最佳歌唱天赋"的人。

② 爵士乐创始人之一，身兼钢琴家、作曲家，以及乐团领导者。

永远无法企及。追寻的过程就是一切。

我年轻时曾因为有些歌曲"太难"而拒绝教学生,这真是愚蠢的错误。事实上,学生在演奏或演唱上的"无能"正反映出我的不足。如果我要学生有更好的表现,我就必须教得更好。一旦我明白这个观念,并且将能量放在孩子和学习过程上,我的指导能力也随之更上层楼。

在第十七章,我详述了第 56 号教室筹备表演的方式,但是此刻我先提供一个简单的建议:无论孩子要表演的是一出有规模的音乐会,还是简短的喜剧,身为大人的我们都应该一边凉快去。我观赏过太多出由老师和学生一同表演的学校演出,因为老师们觉得这么做"很可爱";我也见过太多大人在谢幕时出场接受掌声;还有太多老师担任合唱团钢琴伴奏,而这个角色由学生来担任绰绰有余。伊恩·麦凯恩(Ian McKellen)爵士①和米高·约克(Michael York),两位都是我的挚友,也都是顶尖的当代演员,但我从没邀请他们在我们的年度莎剧中饰演角色。尽管这么说对莎翁很抱歉,我还是要请各位记得:**在教育的领域里,戏剧本身不是重点——孩子们才是。**

## 五项不容错过的美术作业

创作之旅并不限于表演。用帆布、油漆或纸和铅笔一样可以创造出艺术作品,并得到创作过程中所带来的各项益处。

拥有艺术才能的父母和老师在教导孩子们画图、着色,以及雕塑时,可能得心应手,但如果你的水平跟我一样,那么

---

① 英国演员,曾于电影《魔戒》中饰演"甘道夫"一角。

美术课就好像一个绝望的黑洞。我还记得早年看到其他班的学生带着漂亮的作品回家时，心中油然而生的羞耻感。虽然我已经尽力向身旁的优秀美术老师们求教，在美术方面仍然力不从心。套句天才老爹比尔·考斯比（Bill Cosby）说过的话："只要是我动手做的东西，都会变成烟灰缸。"

历经了无数次失败后，我在跌跌撞撞中找到了几项成效显著的美术活动。这些活动当然只是沧海一粟，不过既然我教过的孩子都很喜欢，而且一直珍藏着完成后的作品，我在此也就不怕献丑了。

### 马蒂斯剪纸贴画①

所需材料：

可以用美工纸，不过折纸用的色纸更好

马蒂斯剪纸贴画的照片

剪刀

胶水或糨糊

引导孩子们认识某些艺术家的生活和工作是很有趣的。亨利·马蒂斯（Henri Matisse）大概是我最喜欢带孩子们认识的艺术家了。他在色彩运用方面充满魔力，孩子们也对他的剪纸贴画非常着迷。每当我提到马蒂斯在晚年时行动不便，总能激起学生的好奇心，想了解在生活受限于轮椅、无法作画的情况下，这位艺术家是如何持续创作的。向孩子们阐

---

① 法国野兽派大师马蒂斯是 20 世纪最擅长使用色彩的艺术家之一。他因十二指肠癌眼力近盲，于是创造出剪纸贴画的艺术创举。

明这一点很重要——**艺术家的创作，是出于表达自己的需要。**诸如身体残障这类情形，并不会让人类心灵的表达需要停下来。当马蒂斯再也无法作画时，他运用剪裁拼贴的方式创作出引人注目的纸形，震撼了世界。

只要上亚马逊书店的网站（www. amazon. com）至少可以找到五六本讲述如何制作马蒂斯剪纸贴图的书籍。我个人带活动的方法，是先用一张 9×9 英寸的纸作为背景，接着让孩子们选择色纸，剪成四个 4×4 英寸的正方形，自行决定 4 张纸的颜色是否要相同，并将正方形纸片贴在面积稍大的背景纸上。

最后我请学生用其他纸张剪出一个形状；什么样的设计都可以，只要裁出 4 个完全相同的形状即可。有些学生会剪抽象形状，其他如心形、叶形、星形都很受学生欢迎，什么形状都可以。如果 4×4 英寸的正方形是同色的，那么剪纸就要用 4 种不同的颜色；如果贴在背景纸上的四方形是不同颜色的，则剪纸就要全部同色。

各位可以使用美工纸，但我的经验是折纸用的色纸可以让作品更鲜明、更有生气。无论使用的纸张是哪一种，孩子们把剪纸贴到正方形上以后，都会因为不同颜色所创造出的视觉幻象而受到强烈吸引。他们知道 4 张剪纸的大小完全相同，其外观却因为颜色的不同而有所改变。如此，他们通过这个简单的活动学习到颜色的影响力，也认识了一位伟大的艺术家，进而知道艺术家在创作或探索这个世界，不是为名或利。**创作的理由和呼吸是一样的——因为我们的生活中需要这些。**

### 万圣节面具

所需材料：

强生快干石膏绷带

剪刀

装水用的碗数个

凡士林

毛巾数条

亚克力颜料

每逢万圣节，我都会带着班上的学生制作面具来共度快乐时光。妻子芭芭拉会到医疗用品店购买一般人用来固定骨折的强生快干石膏绷带。绷带的尺寸大小和凝固速度各异，她选择的是 3 英寸宽、5 分钟内凝固的类型。

我在万圣节前一周左右教孩子们制作面具。我请自愿者躺在由课桌合并成的桌子上，在示范的同时逐一解说制作流程的每个步骤。我强调在对方的脸部附近作业时，一定要非常小心。看到作品逐渐成形，孩子们纷纷发出"喔"、"啊"等惊叹声。几天后，他们已经迫不及待要自己动手试试了。

孩子们 5 人一组，每组各取一卷绷带，裁成约 1/2 英寸宽、2 英寸长的小细条。每组派一个人躺在课桌上，头下垫着毛巾以增加舒适感。其他组员围在一旁，其中两个人是"医生"，看起来就像是经典电视剧《外科医生》中的医疗团队。"医生"把凡士林涂抹在"病患"脸上，接着由两名助手递上绷带。医生将浸在水中的绷带置于患者脸部，温和地完整覆盖五官，一共上 3 层绷带。有些孩子喜欢盖住鼻子的感觉

（用嘴巴可以轻松呼吸），有些人不喜欢。

整个过程约需 15 分钟。事前一定要用凡士林涂抹病患者脸部，尤其是眉毛四周和下巴。脸部大致贴满绷带时，助手就要将绷带周围慢慢裁小，才好修饰出鼻子和嘴巴的部分。

医生完成工作后，病患者继续平躺 5～7 分钟，等绷带变硬。其他成员则动手清理工作区域，并为下一名参与者准备绷带。完成时，孩子们会从病患者脸上拿下面具，一开始拿起来的时候会感觉黏黏的，非常有趣。

接下来，每个学生把名字写在指示卡上，各自在教室内选择一个角落风干面具，并以名字卡来辨识所属者。几天后，面具就会变得像石头一样硬。之后，学生会涂上各种颜色，展现多种风格，并在着色完成后的两三天涂上第一层透明的柏有丽面漆作为保护膜。

一周内，孩子们就可以把属于自己的漂亮面具带回家挂在墙上，永久保存。不过，这还不是和全班一起做面具最棒的地方。在制作面具的过程中，孩子们学到如何小心翼翼地对待同学。如果有水从脸上滑下来，助手们会小心擦拭被弄湿的耳朵或下巴，让躺着不能动的同学感到舒服。由于每个参与者都会轮流扮演各种角色，因此"同情心"和"团队合作"的精神也被发挥到极致。孩子们在创作、享受乐趣的同时，也落实了我希望灌输给他们的仁慈和关怀精神。10 月对我们班而言，是一个很棒的月份。

### 大卫·霍克尼（David Hockney）自画像

所需材料：

口红胶

照相机

可以用美工纸，但水彩纸更好；如果能用海报纸板或油画板则是最理想的

　　生长于英国，但以美国加州为创作基地的大卫·霍克尼，是一位现代艺术家。他作画和素描的题材非常广泛，从朋友的画像到游泳池都有。他还以相片拼贴的做法开创了新的艺术形式。

　　霍克尼从不同角度、不同时间点，针对单一主题，例如对一条杳无人烟的高速公路、一个房间、一座花园拍摄数千张照片，接着将多张照片重叠，拼贴成一幅幅惊人的景象。由此，观者往往能从平凡无奇的主题中看到崭新而深远的意义。

　　在第56号教室，我们也利用了这项技巧制作自画像。我们把孩子在6种情况下的脸部表情拍摄下来：微笑、严肃、没有表情、搞笑、向右看、向左看。学生们接着把照片上的表情剪下来：有人剪成一平方英寸的正方形，有人剪成长方形或三角形，组成一张"完整的"自画像。这张自画像捕捉了各种不同的情绪和表情。孩子们花许多小时决定拼贴方法，直到找出想要的样子为止。有些孩子的自画像模样夸张到怪异丑陋的程度，非常适合放在嘉年华鬼屋。有些孩子拼贴出严肃的自画像，远比单一照片更能完整阐述他们的生命故事。只要涂上一点胶水，几天后他们的"霍克尼作品"就大功告成了。

　　这项作业做法简单，而且绝对不会失败。因为方式有趣，让大多数孩子们感到新奇，所以广受欢迎。我喜欢它，是因为它能使孩子专注于思考和自我概念，也因为它让整间教室充

满笑声和气氛轻松的对话。愿上帝保佑艺术。

## 蒙德里安（Mondrian）魔术①

所需材料：

丁字尺和直尺

油画板（画框更好）

英国温莎丰顿牌亚克力原色和黑色涂料

画笔

蒙德里安艺术的海报和照片

学生接触现代艺术时的第一个反应往往是："有什么了不起的！谁都画得出一堆有颜色的长方形啊！"而我的经验是，让学生们反省这种想法的最佳途径，就是让他们自己发现思维的错误。于是我会从引介蒙德里安的作品着手。

就像许多知名艺术家一样，蒙德里安的绘画在主题和风格上相当多样化。他最为人所知的，是对于垂直黑线中三原色的检验。他的画作辨识度很高，在布料、皮包以及 T 恤上都看得到。我第一次给学生看他的几何形状创作样本时，学生说："是蛮好看的啦，可是我自己用直尺和蜡笔就画得出来。"我对自己微微一笑：孩子们上钩了！

我没有马上把颜料发给学生，而是给他们一两天的时间利用纸张、直尺、色笔构思蒙德里安作品。不到几分钟的时间，

---

① 抽象艺术运动"风格派"主要成员。他以独特的风格使用线条和色彩：以不同粗细的黑色横线和直线分割画面，再于格子里使用红、黄、蓝三原色（偶尔也用灰色）。

孩子们便明白了两件事。首先，光是构思图案这件事就很让他们头疼。每当他们画出自认为满意的图案时，就会开始怀疑起来（蓝色太多了、红色不够）。其次，绘制等宽垂直黑线的技术并不容易。原本过度自信的学生，数天后个个手持丁字尺和直尺，趴在油画板上，一丝不苟地画着线（这些线最后会涂上黑色颜料）。线画好了以后，我们用艺术家专用的水胶带一一盖住所有方块。我以前曾经错用便宜的亚克力颜料涂原色，后来才发现，在美术用品店多花点钱购买像英国温莎牛顿这种优质品牌才是明智之举，因为画出来的颜色生动、鲜明多了。

学生原本以为只要 15 分钟就可以解决的作业，最后花了好几个星期才完成。但是，他们享受了过程中的每一分钟。蒙德里安的作品给了他们"要创作什么"的概念，而"概念"还只是个起点。学生在过程中感到愉快，不急着完成作品。他们力求完美，把注意力集中在每一条直线、每一个直角，以及每一个笔触上。

我什么都不会画。但有了蒙德里安在前方引导，我的学生学会了耐心、精确和色彩学，也体会了在帆布上作画的兴奋感受。

**美丽的线绳艺术**

所需材料：

《美丽的线绳艺术》（*The Beautiful String Art Book*）一书①

四张 8×4 英尺木板（3/4 英寸厚）

砂纸

---

① 雷曼·古塔德著。

木板用漆

裁成：16×24英寸或16×16英寸大小

刷子

普通钉子（大量——每名学生约400根）

黄铜钉（每名学生约400根）①

铁锤

尖嘴钳

针织线（颜色越多越好）

这项作业难度高，但成效非常好。完成这项作业需要大量的时间和高度耐心，很适合有意让孩子更上一层楼的父母和老师。它是第56号教室全年课程的第一项作业，始于上课的第一天。多年前，我在洛杉矶中央图书馆里无意间发现一本名为《美丽的线绳艺术》的书，里面共有100幅式样各异的线绳艺术作品。该书现已绝版，各位可向网络上二手书零售商订购。就算大多数的老师还没有疯狂到让自己的学生尝试线绳艺术的程度，家长们还是可以在家和各年龄层的孩子一起动手做做看。

在开学第一天进入教室的新学生会看到墙上挂着裁切完成的木板和以前的学生完成的多幅美不胜收的线绳艺术作品。不到几分钟，学生们就会开口问他们以后是否也会有自己的线绳作品。我会用若无其事的口吻说："你们不只会做线绳作业，而且就从今天开始。"不需长篇大论，我已经让孩子们对

① 钉头较圆、较小，于平面固定金属或装饰品时使用。

这个班级有了一些了解：**这是个令人振奋的教室，因为事情说发生就立刻会发生**。许多学生觉得开学的第一天很无聊，因为只能正襟危坐地听老师讲话。老师通常会对学生说有些科目的书籍和教材还没送到，所以先不上课之类的废话。在第 56 号教室，我们一说"走"就向前冲。让学生明白这一点是很重要的。

学生在上午做数学或地理功课，我一次找几个人过来，给他们看看包括几何图形、动物、无生命物体，以及自然风光在内的各种线绳设计，让他们依喜好选择一个。以前的学生刚好放暑假（我任教于全年制学校，7 月开学），就到第 56 号教室来帮忙，为新学生提供一些意见。这些识途老马知道各种设计的难易度高低，他们协助新学生挑选有挑战性但是难度不会过高的设计。

接下来几个下午，小小艺术家们会挑选各自的木板，并开始用砂纸磨平。在上课第一个月内，我们每天都会花一小时进行这项作业。学生在听完我对结果好坏自行负责和信任的说明，都会了解用漫不经心的态度来处理作品，或不当使用材料是不会有大麻烦的，但是这种行为会导致无法参与这项作业过程。在过去两年间，从没有一名学生排除在这项活动之外。墙上展示的成品太让他们着迷了，他们不会对第 56 号教室的规矩有任何不敬。

孩子们开始互相帮忙用砂纸磨木板。以前的学生和新学生一起动手做，同时说明前一年的情况。这是绝佳的新生训练讲座——新生一边从学长口中了解第 56 号教室，一边进行线绳作业。当我宣告砂纸磨光的时间结束，他们还会发出遗憾的叹息声。

当木板表面磨出大理石般的光滑时，就可以上色了，由孩子自选一个适合作为线绳背景的颜色。我故意不提供足量的刷子，强迫选择相同背景颜色的学生共用刷子。在几分钟之内，我已经看到两三个孩子开始帮另一个孩子为板子上色。接受帮助的人在自己的板子上完色之后，就回过头去帮别人上色。学生很快就明白团队合作可以创造友谊，也能共创作业成绩。

一周后，板子都拥有了漂亮的颜色。我在星期五对学生说，下个星期一将开始进行图案的部分。此时，很多人举手发问。

伊斯特：我可以问一个问题吗，雷夫？

雷夫：当然。

伊斯特：书上的线绳图案很小，可是我们的板子比图案大很多。

雷夫：是啊，没错。

伊斯特：我们要怎么把小图案放到大板子上？

雷夫：没办法。

艾美：那么，该怎么办？

雷夫：我会在这个星期六去 Kinko's 影印连锁店（以前的学生开始大笑）。

助手们：他就住在 Kinko's，是他们最忠实的顾客！

雷夫：他们有一台机器，可以把图案放大到你们需要的尺寸。

艾美：那要花多少时间？

雷夫：四五个小时（学生都静了下来）。

　　他们接收到讯息了——孩子们现在知道老师愿意为他们付出。当他们星期一来到学校，看见每个人的图案都放大完成时，师生之间的信任就更加稳固了。**我们的老师说到做到，我们也要说到做到才行。**

　　我从观察学生进行下一个阶段的过程中，增进了对他们的了解。他们小心翼翼地把图案对准板子中央粘好。很多线绳图案都画有小点，来指示钉子该钉在哪里，但我选的书上找不到。这么一来，挑战性就提高了。图案旁的指示上，可能只写着"需要将 61 根钉子平均分布在某个圆形或其他形状上"。由于图上没有小点，在钉上钉子之前，学生都必须先用直尺、半圆规，以及各种富有创造力的办法决定图案上数百个小点的分布位置。很多学生先用线丈量弧线的长度，再把线放在尺子旁边并拉直，测出弧线的总长度。接着，把距离等分为几个部分，算出钉子和钉子之间应该间隔多远。

　　观察学生犯错是很有意思的。他们用的是铅笔，所以很快就明白算错了可以擦掉重来。在我导入这项作业之前，我从没想过，**艺术原来也有"让孩子们懂得找出错误，加以改正，并继续前进"之美。**也难怪我现在成了"艺术爱好者"。

　　在接连多日计算小点的分布位置之后，孩子们已经准备要钉钉子了。每个图案会用到 250～1000 根钉子。此时我故伎重施，不给孩子们一人一把铁锤，而是让他们两人共享一把铁锤和一把尖嘴钳，由其中一人固定钉子的位置，另一人把钉子钉进去。这种合作方式减少了手指被砸的可能。孩子们因怕伙伴受伤，会更加专心。更重要的，或许是他们都沉醉在趣味横生的作业过程当中，一点也不想赶着完成作品吧！

终于，给图案上线绳的时间到了。由于书上每个图案的说明都非常详尽，所以这是整个过程中最容易的一个步骤。学生在一开始的时候，往往会选很多种颜色，但他们后来会明白"少就是美"的道理，最后选择比较简洁、优雅的风格来完成。

第一个月过去了，孩子们也完成了一件可挂在家中墙上多年的艺术作品。他们交了朋友，也赢得了老师和同学的信任。他们做了规划、展现了耐心和毅力，努力追求卓越。他们彼此分享，也成功地完成作品。我不需要用测验的手段得知结果，他们脸上的微笑已经说明了我需要知道的一切。

在这里我要警告各位：这只是开始而已。一旦"艺术"成为教学的一部分，你会发现它让你上瘾的程度比巧克力更大。无论你采用的是"音乐"、"表演"还是"视觉艺术"——最好是3种一起来，艺术都将引领孩子以超乎想象的方式成长。你和他们的关系将越发稳固、牢不可破，而这份联结将鼓励孩子有更好的表现，念书更认真，也更快乐。

在一个所有事物早已被标准化的世界里，艺术让孩子们保有独特的自我——用梭罗的话来说，就是忠于另一种鼓声，大步向前。

# 第十章

## 教练，让我参加

现在是星期三下午2点半。根据教育当局所分发的课程表，我任教的小学里，这时段是五年级的体育课时间。校方将操场保留给本校8个五年级班级使用。学生的成绩单上有"体育"这个项目，表示这是老师们应该教授也要评估的一项作业。老师还负有测验学生跑步、仰卧起坐、俯卧撑，以及其他体力、耐力相关项目的责任。这些都有全国性的标准。

本校操场和监狱的操场很相似：外围是16英尺高的铁链围墙，每道大门都上了锁。里面共有4个棒球场、5个手球场、1个作为跑道用的涂漆圆形场地，2个篮球场，以及2个没有拦网的排球场。就空间而言，这些足够给240个学生使用。根据法律规定，学生们应该走出教室，到此处增进身体健康，度过快乐时光。

但是今天就像许多其他日子一样，除了第56号教室的孩子们，就只有2个五年级班级出来活动。一班正在练习篮球基本动作，学生个个井然有序，显然是在加强脚步动作。另一班学生在棒球场上到处乱跑，为了一个球而吵闹不休。他们的老师则坐在长板凳上看着手表倒数计时，等待3点钟的下课钟声响起。操场上看不见其他班级的踪影。他们很少到教室外去上体育课。有些班级根本不上体育课，有些班级则因为全班表现不佳而受到处罚，或是因为某个学生不乖而全班不能到操场。

不管从哪个角度看，空荡荡的操场都不是一件好事。体育可以使孩子们成为老师心目中的好学生，然而我们学校的老师却错失了这样的一个机会。

在本书的第一个部分，我曾讨论过班风对"教"和"学"的帮助以及创造班风的必要性。只要使用得当，操场也可以像教室一样有效。教导孩子认识体育的正面价值是很重要的。现在，这件事的重要性与日俱增。我们文化所推崇的，原本是代表人性中至高价值的运动员，没想到才过了一个世代，大家竟然崇拜起因某些幼稚行为而被抓去坐牢的运动员。看到孩子们骄傲地穿着代表那些没有价值，或是说得难听一点，根本就是肮脏可悲的运动员的背心，真让我痛心疾首。球迷，甚至连体育记者和体育专栏作家，全都为那些承认作弊和说谎的球员们鼓掌叫好，因为"这种事本来就是比赛的一部分"。就是因为这股令人作呕的趋势，身为家长和老师的我们必须让孩子们体会运动之美，让他们从正确、有荣誉心的体育竞赛中得到宝贵的人生教训。

## 体育的正道

大多数的小学老师上体育课都没有效率。或许他们明白体育活动的重要性，但自认为没有能力可以教得好。我认识一些从事教师工作的朋友，因为本身在童年时期就不会运动，所以"带孩子们到操场上体育课"这件事总是让他们浑身不自在。还好，我们是老师，我们会进步。

有些老师带孩子去操场之后就让他们四处乱跑，因为有个理论说，这样一来孩子们会感觉比较平静，回到教室后会比较专心。这个理论或许有它的道理，但如果孩子们在消耗精力的同时也能学到某些技巧，不是更好吗？有的老师很关心孩子，有计划地为他们安排活动，却少了节奏或判断力，一天跑步，一天踢球，一天打壁球。想想看，用这种方法来教数学会是什么情况，有哪个老师会在星期一教乘法、星期二教分数、星期三教整数？不管教的是哪个科目，老师都应该以某一项技巧为目标，等到学生完全学会再教下一项技巧，体育当然也不例外。

"目标"是所有教学的关键成分。第 56 号教室的体育课目标设定如下：

1. 学生要每天运动；

2. 学生要认识体育基本原则和动作的重要性；

3. 学生要随时随地展现优异的运动家精神；

4. 学生要明白团队合作的价值；

5. 学生要把他们从体育活动中学到的种种经验应用到生活的其他领域中。

任何体育活动，跳房子也好，排球、棒球也罢，都可以达成以上目标。就像所有的教育一样，父母和老师都应该将他们热爱的事物与孩子们分享。

## 棒球：史上最神圣的运动

我喜欢各种运动，也几乎每种都玩过，还会看电视上的转播或于闲暇时亲自到现场观赏。我崇拜足球运动，带着宗教般的狂热准时收看世界杯足球赛。但是，在所有的运动当中，我最喜欢的是棒球。

对我而言，棒球是最完美的比赛。世界上只有棒球，在比赛过程中，球是在防守的那一方手中。这是最公平的：一队不能以比赛时间结束为理由不让另一队迎头赶上，就算你领先，仍然必须给对手追平分数的机会。棒球规定了球员名单和打击顺序，比其他运动更民主。每个球员都有上场机会，不能老是派最好的球员上场击球。这种比赛有静止不动的时刻，也有突然冲刺的瞬间。对门外汉而言，比赛过程好像没发生多少事情，然而，精于此道的球迷却能品尝其中错综复杂的细微差别。

在第 56 号教室，我们学打棒球。我们用 6 个月的时间来学习基本规则和动作，之后才实际比赛。日复一日，我们把操场当作教室的延伸。虽然我们走出了教室，但仍以"班风"为行为准则。学生们专心听讲，我认真上课。每一天，我们都会学一项技巧，并练习到做对为止。我的授课计划上可能写着数学课要教用圆规测量角度，下午学习如何把球从三垒传到一垒；另一天的课程可能包括跑垒、防止双杀，或是自杀式抢分①的正确方式。

刚开始很多学生都害怕打球，原因通常不外乎：第一，他们怕球。为避免这个问题，也因为我们是在没有头盔和安全设备的柏油场地上打球，我们第一个月先用较轻软的网球来打。这么一来，学生就可以专心学习基本原则和动作，不用担

---

① 牺牲短打的一种。

心被球打到。之后，我们改用橡胶材质的软式棒球（RIF 球），这在任何稍具规模的运动用品店都买得到。

学生怕球的第二个理由，是以前曾有不好的经验。因为掉球或犯错而被父母或同学大吼的青少年，往往忘不了这种痛苦。**在第 56 号教室，我们不取笑或挪揄他人，无论我们做什么（包括体育在内），这个原则都不会改变。**实际上，它就是第 56 号教室体育课的关键要素。学生会不会嘲弄班上解不出数学题的同学呢？当然不会。那么在操场上也不该有所不同。我教学生认识运动的基本真理：**犯错的队友需要我们的支持，而非嘲弄**。我让他们知道，对掉球的队友大吼是自相矛盾的：大吼通常是因为想赢，然而羞辱队友只会让"犯错者"更容易出错——他会怕不知道怎么打球才好。第 56 号教室的学生明白，善待出问题的球员不只是正确的做法，也是明智的选择。

反复练习棒球基本规则和动作两个月后，我们就开始进行另外两项体育课程。我教排球的方法和我教棒球一样（当然，教阅读或数学也是这样啦）。排球球员先学"该站在什么位置"和"如何正确发球、防守、举球以及杀球"，接着学习"战略"。原先他们以为排球很简单，现在才明白它是多么复杂的一项运动。我们也同时开始了体育课的第三部分——跑步。我的目标是让每一个五年级学生在学年结束前轻松跑完一英里。在体育课中加入跑步能为学生准备未来的全国性测验培养体力和耐力。

### ～～～·～～～ 独立练习 ～～～·～～～

学会我所教的技巧之后，我把学生分成三组（每组 10 ~

11 个人）进行练习。一组跑步时，第二组练习排球传球，第三组和我一起练打击，按照日程表轮流。这个做法达成了多项目的，不但提高了学生的运动能力，也使他们在教室里的表现更优异。

无论孩子要精通的技能是什么，都必须先学会在没有老师陪伴和指导下自行练习。反复练习运动技巧就是一个大好机会，只要老师善于把握，孩子不但会明白老师对他们的信任，也能得到单独练习的宝贵时间。不要怕让他们自行或分组练习，**因为运动的优点之一，就是让孩子们跟自己以往的表现相比**。无论是罚球还是跑一英里，学生都可以自行评估表现。如果他在 8 分钟内跑完一英里，那么下一个目标就是 7 分 55 秒。如果他现在只能跑完 3/8 英里，说不定下次他会试着跑到一半就减速，以便跑完。时时给予学生指引，但要牢记一个重点：**学生要学会为自己练习，不是为老师练习**。

## 记录数据

在第 56 号教室，学生以"记录数据"的方式监测自己在运动上的进步。这样一来，他们在自我评估和设定目标的同时，也练习了数学技巧。无论进行的运动项目或比赛项目是什么，记录都是很简单的。如果是跑一英里，就记下每天跑完全程的时间。如果是接高飞球，就追踪接杀的成功率。其他运动，例如罚球、跳远、打保龄球等，都要记录。**"记录数据"有助于孩子设定目标和目的，而这两样东西对他们人生的每个领域都有很大的帮助**。

即使像接球这种简单的游戏也可以记录。我刚开始教书的时候，曾因为懂得正确传、接球的孩子比例过低大受震撼。对大人而言近乎本能的一些技巧，原来并不像我们想得那么容易学习。学生们必须培养默契，专心提高投球的精准度，还要能正确使用手套。在第56号教室，我们是将每2名相互练习的学生每次投球数和接球数记录下来，并持续追踪；而孩子每天都会玩传接球，希望创下个人的最佳纪录。

## 终极记录：世界大赛之夜

小时候父亲教过我怎么记录棒球比赛的得分。这个技巧不容易教，但是很值得教。开始教书的那几年，我曾经试过先在教室示范如何记录得分，再带学生到道奇球场实地演练。不过，我遭遇了一些问题：三四十个学生分坐在3排或3排以上的观众席上，实在很难走到发问的孩子那里去，而我又怕打扰到其他观众，不想用吼叫的方式说明或宣布答案。最后，妻子和我想出举办"世界大赛之夜"的办法，解决了这个问题，而这项活动也成了第56号教室的一项年度传统项目。

在学习计分方式之后，孩子们在某天晚上留校观看世界大赛的电视现场转播。这是记录的最后一课。我帮孩子打印了从网络上下载的计分表，让他们在座位上记录比赛分数。如果学生有问题，我可以在教室里自由走动，或把重点写在黑板上。每个人都乐在其中，因为我们除了计分，还一边啃热狗、吃爆米花、喝汽水。有了这次的经验，孩子们已经准备好为真正的球赛计分了。下图是一名学生观看2005年休斯敦太空人队和芝加哥白袜队的某场世界大赛时所填写的计分表。

比赛之后，学生们开始记录。通过对打击率、防御率、长打率、上垒率等各种数据的计算，他们学会将数学技巧应用到真实生活情境。突然之间，数学和数据不再只是学校的一门课，而是帮助他们进一步理解自己在操场上玩过的比赛的工具。数学和棒球也因此变得更有意义。

## ⟡∿∿ 去看比赛：教学的大好良机 ∿∿⟡

很多老师会带学生到比赛现场观战，这是个好的开始，我则利用这样的外出机会将教学的艺术发挥到极致。无论你是高中老师，还是迫切想和孩子共度时光的家长，或跟我一样是个小学老师，都可以利用"到现场观看体育竞赛"这样一个教育良机，教孩子认识运动以及更重要的运动家精神。

我在第 56 号教室的主要目标之一，就是**教导学生在一个什么都有、只欠仁慈的世界中怀有仁爱之心**。在今天，恶劣行径最为盛行，最广为人所接受之处，就是体育竞技场。想针对野蛮可憎、丑恶到顶的行为，来场完美的实体教学，带学生去看场棒球赛就对了。譬如，篮球场上的球迷会对着敌队叫喊不堪入耳的言语，也会用吹口哨或在篮球架后方挥舞手臂的方法让正在罚球的球员分心。在我看来，这么做就和绊倒正在赛跑的球员没有两样。这年头的球迷自认是赛事场中的一部分，现在就连聪明又理性的人也接受了这种心态。但这是不对的，孩子们必须明白，球迷对于球赛的投入，并不比观众对戏剧的投入来得更深。

我利用运动赛事来教育学生，让他们知道他们可以成为另一种球迷。第 56 号教室的学生观赏赛事时，通常会为某一队加油，他们会尖叫、欢呼，大喊"加油"。他们在投球进网、触地得分、射门得分时欢欣鼓舞，但他们不会对另一支球队发出嘘声，不管哪一方的球员展现高超的技巧，他们都大声喝彩。同为运动员的他们，对任何球员的杰出表现都给予肯定，因为他们知道"赢"和"输"代表什么意义，他们不会做出没风度的行为。他们要做与众不同的人。

虽然现在运动家精神已经很难找到了，但我们不可以就此放弃。身为大人的我们必须让孩子们看到，虽然有坐在客场长椅上尖声怒骂的酒醉白痴，但也有轻声以"哇喔"或"真不敢相信"默默肯定对手球技的球迷；虽然有罹患"头条饥渴症"的烧包球员在触地得分后为了上 ESPN 画面而放肆起舞，但还是有小亚瑟·阿什（Arthur Ashe）[①]、拉弗尔·约翰

---

[①]　美国黑人网球运动员。早年流露网球天分，但因种族歧视而遭到排斥。

逊（Rafer Johnson）①、克莉丝·艾佛特（Chris Evert）② 和桑迪·考福克斯（Sandy Koufax）③ 这些令人景仰的运动员。我们的孩子如果要成为与众不同的人，就必须了解这些运动员的独特与伟大。

艾佛特优雅甜美的身影，几乎是球迷心中完美的化身。她在大满贯女单的比赛中取胜率接近 90%，是网球史上职业选手中最高的。迷人的个人风格和辉煌的战绩使她成为有史以来最成功、也最受欢迎的女网选手之一。

本校在几年前落实了体育课程，举办了排球赛。因为纪律良好的练习和基本动作，第 56 号教室击败了每一个对手，就连远比我们更优秀的队伍都赢不了我们。某日，一位老师在他们班被我们小小莎士比亚击败后来找我，她想和我分享一份惊喜。"我的学生对我说：'我们不介意输给雷夫的班级，因为他们班的学生对人都很好。'"那位老师认为我们班的孩子们非常特别。她说得没错。

---

　　①　美国黑人运动员，分别于 1956 年墨尔本奥运会、1960 年罗马奥运会夺下十项全能银牌和金牌，并于 1984 年洛杉矶奥运点燃大会圣火。

　　②　美国网球名将，曾经称霸 20 世纪 80 年代世界女子网坛。

　　③　犹太裔美国人，有"史上最强左投"之称。

# 第十一章

## 经济学的天空

　　第 56 号教室有自己独特的经济制度，在这章里可以更详细地看到这个制度的运作方式。这也许能为老师和家长们提供更广阔的视野。

　　关于第 56 号教室的经济制度，简言之，就是第 56 号教室的学生都会在开学第一天申请一份工作。我会给他们工作清单，上面有教室管理员、银行、球具管理人、办公室信差、店员、警官等各种职业，以及工作内容说明。每一份工作的薪资都有少许差异。教室管理员每天都要工作，所以赚的钱要比一周只工作一两次的人多。孩子们通常可以得到第一或第二志愿的工作。

　　有工作，就有月薪。孩子们把薪水存在银行。他们必须存钱来支付使用课桌椅的费用：座位越靠前排，费用就越高。孩子们赚外快的方法很多。例如，学生做额外工作或参加管弦乐团，就可以领取奖金。反之，如果他们没做事或偷懒，就会被罚款。学生可以使用班级"支票"和"现金"。虽然这年头已经很少人用支票了，我还是教孩子们如何开立支票。到了月底，全班会来一场疯狂的拍卖会，竞卖文具用品和礼券。

　　孩子们很喜欢这套经济制度，父母和其他老师在尝试之后也都爱上了它。但为求清楚明白，我希望说明这套制度背后的目标。因为我曾见过有些老师把这套制度当作控制学生的机制，完全错误解读了整个设计的重点。重点应该放在运作方式，在此，我将详尽解说设计制度的理由。

～～～•～～～ 组织与规划 ～～～•～～～

**我想教孩子终其一生都派得上用场的技能，"整理事物"、"安排事情的技巧"等就是其中之一。** 当孩子说他的房间或书桌像是个核爆灾区，你可能会觉得他很可爱，但这并不是值得鼓励的现象。聪明的人或许已经从观察中发现，"房间"代表一个人的心理状态。懂得安排和分配时间的孩子，做什么事情都容易乐在其中，也会做得更好。他们进而可以学习存钱、保持收支平衡，以及规划未来支出等能力。我们一定要让青少年明白条理分明的重要性，以及做到有条不紊的方法。

我的第一步，是在开学第一天将分类账页发给学生。任何文具用品店都买得到这种分类账页。我教学生在每一页最上端标示日期、交易名称、收入、支出，以及结余。班上通常会有 4 名学生担任"银行"的角色，各自掌管约 8 名学生的账户。"银行"会拿到多张"账页"，并负责保存顾客交易纪录的副本。这么一来，如果结余金额有出入，就可以和顾客比对账页，找出错误。不过，孩子们处理财务记录的态度非常严谨，上述情况很少发生。

各位可以在下一页看到本班某位学生的账簿范例，记录者是一位以英语为第二语言的 10 岁孩子。她身在单亲家庭，母亲又工作到很晚，她回家所面对的常是一间空荡荡的房子。

128

| Date | Transaction | Deposit | Debit | Balance |
|---|---|---|---|---|
| 7/21 | Bonus Money | 2050 | | 2050 |
| 7/23 | Pay Check | 700 | | 2750 |
| 7/29 | Bonus Money | 1050 | | 3800 |
| 8/1 | Bonus Money | 400 | | 4200 |
| 8/1 | July Condo | | 4200 | 0 |
| 8/02 | Bonus Money | 1350 | | 1350 |
| 8/07 | August Pay Check | 3750 | | 5100 |
| 8/08 | Buying Eliza's Seat | | 3450 | 1650 |
| 8/21 | Bonus Money | 1800 | | 2750 |
| 8/21 | Bonus Money | 1880 | | 3430 |
| 9/01 | Eliza's Rent | 1400 | | 4410 |
| 9/04 | Bonus Money | 1500 | | 5450 |
| 9/10 | Bonus Money | 1200 | | 7650 |
| 9/10 | Bonus Money | 500 | | 7150 |
| 10/1 | Bonus Money | 1700 | | 9400 |
| 10/02 | Bonus Money | 1600 | | 11000 |
| 10/03 | Bonus Money | 300 | | 11300 |
| 10/03 | Bonus Money | 300 | | 11600 |
| 10/05 | Bonus Money | 1600 | | 13200 |
| 10/12 | Eliza's Rent | 1500 | | 14700 |
| 10/12 | Bonus Money | 5900 | | 20700 |
| 10/07 | Bonus Money | 1150 | | 21850 |
| 10/05 | Eliza's Rent | | | 23350 |
| 10/05 | Bonus Money | 1300 | | 24650 |
| 11/10 | Bonus Money | 800 | | 25450 |
| 1/23 | Bonus Money | 650 | | 26100 |
| 1/28 | Bonus Money | 2700 | | 28800 |
| 2/01 | Eliza's Rent | 1650 | | 30470 |
| 2/03 | Bonus Money | 3800 | | 34250 |
| 3/01 | Eliza's Rent & Bonus Money | 3900 | | 38150 |
| 3/04 | Buy Science Chemistry | | 14000 | 24150 |
| 3/21 | Bonus Money | 1000 | | 25150 |
| 3/00 | Pay Check | 3550 | | 28700 |
| 3/00 | Eliza's Rent | 1800 | | 30500 |

即使有上述的种种不利因素，这孩子正学习一项宝贵的技能，来克服她在人生起跑点所遭遇的困境。请看看她的纪录——和她的财务纪录相比，很多大人都要相形逊色了。此外，她的课桌也是一尘不染。她非常谨慎地运用时间，一定会在练习吉他和小提琴之前把功课写完。她的账页和银行纪录就是她生活态度的写照。

## 所有权

学生必须每月支付座位的"租金"。如果孩子存到的金额为租金的 3 倍，就可以买下座位，拥有这个位子的"产权"。

有些孩子甚至会刻意攒钱买下同学的座位，然后每个月向他们"收租"！

**聪明的学生在购买不动产之际，也开始了解所有权的价值。**他们看到同学每个月为了付租金东拼西凑，而自己银行账户的存款却越来越多，就开始体会到父母赚钱的辛苦。同样，他们也发现，拥有房地产后就会有多余的钱去参与每月举办的拍卖会，财富越积越多。几个月下来，他们也亲身体验了拥有存款与不动产的种种好处。选择付房租的学生也学到了相同的教训，只不过感觉较为沉重。

我的目的不是在教室里玩一场真人实境的大富翁游戏，而是让孩子们体会"所有权"的好处。令人难过的是，在现实生活中，第 56 号教室的孩子没有一个人住在"自己的"房子里：他们的父母全都在付租金。有朝一日，我希望他们每个人都能拥有自己的房子。

不过最感宽慰的是，听说我以前教过的学生现在很成功，他们大都买了自己的房子，还有不少人能替父母买房子。我不敢居功，但只要一想到第 56 号教室的经济制度可能或多或少增进了他们对"个人财产"的了解，心情就愉快起来。

### 节省每一分钱

如果你曾带孩子或学生外出旅行，你可能会注意到一件事：他们完全不懂怎么用钱。要是口袋里有五块钱，他们就会把它花光，看到什么就买什么。容我窜改一下乔治·卡林①

---

① 美国著名的脱口秀大师，话语犀利、精准又尖锐。

(George Carlin）的话，"连上面刻着'纽约市'3个字的左鼻孔人工呼吸器，他们都会买"。

我想教孩子明白"节俭"的价值。如果你曾造访美国第三任总统托马斯·杰斐逊（Thomas Jefferson）的家——蒙蒂塞罗，你会听见导游用"时间及空间大师"一词来形容他，因为他从不浪费任何时间与空间。然而200年后，这个世界却浪费了起来。举个例子，本校学生的早餐和午餐都是免费的，但大部分的食物都进了垃圾桶，孩子们一点都不了解浪费食物的行为有多糟。

通过经济学，孩子们懂得节俭和惜物。如果他们必须工作才能买到一本书或一部计算机，就会更加爱惜它。别误会，我不是物质主义者，更不小气。在第56号教室，我们用的器材是最好的，棒球手套是最贵的，美术材料也是好的，而且还是上上之选呢！**我们喜欢品质好的东西，而孩子们必须努力工作、有所牺牲才能挣得好东西，因此他们更懂得爱惜。**

"月底拍卖会"让学生学会如何聪明地花钱。拍卖会上可能会有令他们兴奋不已的东西，可能是全套《纳尼亚传奇》或邦诺书店的礼品券。买家纷纷举手，高声出价。他们往往会在抢标过程中昏了头，为一个"不是真正想要的东西"花光所有钱。在拍卖会的兴奋感消退后，他们会看着得标的物品自问："值得吗？"这些未来消费者年纪轻轻就能自问这个问题是件好事。很多学生因为一时的冲动让银行账户归零，在付出惨痛教训之后才发现这么做太不明智了，更好的东西说不定等一下就会出现。

这个制度教孩子要有"储蓄"的观念。我带他们到外地参观时，发现他们不会随意花钱买很多东西，诱人的广告或展示品都无法让他们心动。这个好观念对他们的大学生涯，以及往后的人生会产生很大的帮助。我们总是得学习靠预算过活，从孩提时代开始养成习惯是有益无害的。

## 延迟享乐

第 56 号教室的经济制度帮助孩子们学习"储蓄"的同时教他们另一项重要原则：**"延迟享乐"**。这个快餐社会鼓励年轻人什么都要，而且马上就要。**但是第 56 号教室教孩子一个道理：会存钱且谨慎用钱的人，多半财务状况都优于为了立即享乐而乱花钱的人。**

就拿艾美来说吧。低调的她，早在学年开始就暗自决定克制在拍卖会上出价的冲动，并且默默地做着额外的工作，参与每一项课外活动，并努力不懈争上游。你猜对了，学年才过了一半，艾美就买了几个不动产。学年结束时，大家最想要的拍卖会品项都为她所有。因为她了解，**最好的东西会留给懂得等待的人。**

第 56 号教室的孩子明白这个道理，并加以利用，希望成为家族中第一个上大学的人。有些学生在高中时期蹉跎光阴、荒废学业，但是这些孩子会认真过日子。他们在玩乐和努力间保持平衡，因为他们明白今天的努力将为他们开启另一扇门，通往更美好的明天。他们可能不是全班最受欢迎的人物，更不是最受瞩目的，但是到高三，情况就大大不同。人们转而注意到这些顶尖大学奖学金得主，惊讶他们沉静之下的爆发力。最近，一个名叫琳达的学生来信谈到她遭遇到的"问题"——接收她入学的大学太多了，她很难做出最后的决定。谦逊如往的她向我吐露了这样的心声：当同学们对她的"好运"感到惊奇时，她知道这跟好运没关系，这是她努力和坚持的结果。

## 一项终身受用的技能

克莉丝汀在本校广受欢迎的老师班上和我谈话的内容通常是这样的：

克莉丝汀：将来有一天，我会在你的班上上课。

　　雷夫：好极了！你现在的老师是谁呢？

克莉丝汀：人气小姐。

　　雷夫：很好啊！你喜欢上她的课吗？

克莉丝汀：很喜欢。她是最棒的！

　　雷夫：是吗？酷喔！她为什么是最棒的呢？

克莉丝汀：她是最棒的！

　　雷夫：知道了。可是，为什么呢？

克莉丝汀：因为她是最棒的！

　　雷夫：是的，你已经说过了。那你能不能告诉我，你从她身上学到了什么？

克莉丝汀：呃……嗯……

　　雷夫：喔，快点说吧。你今年学到了什么？

克莉丝汀（因为专心而皱着眉头）：我们学了诗！

　　雷夫：非常好！你可以念一首给我听听吗？

克莉丝汀：嗯，有点没办法啊。

　　雷夫：那你读过哪些诗？

克莉丝汀：我有点忘了……


　　这样的老师显然不是最好的，但是孩子们都很喜欢她。有些老师认为让 9 岁孩子有青少年的举止是很可爱的，她就是其中之一。她会邀请孩子到家里过夜，为这些孩子举办对他们而言太过早熟的舞会和各种游戏。尽管如此，大家都认为她是最棒的。

　　请容我标新立异。要帮助孩子出人头地，就要拿能让他们终身受用的课程来挑战他们。霍伯特的小小莎士比亚们就从我们的经济制度中学到了这样一课。去年，有个目前就读于弗吉尼亚州华盛顿李氏大学的学生写信给我。她在信中提到的事情，比任何标准化测验更精确说明了何谓成功的教学。和其他学生一起在日本时，海伦注意到身旁每个朋友都发生了财务问题，在无计可施的情况下，只好要求父母汇更多钱给他们，而她是惟一无此困扰的人。因为她懂得节俭的可贵，严格遵守预算，延迟享乐，不只存够了生活所需的钱，还计划在回美国前去其他国家旅行。她谢谢我的教导，并在信中写道，她了解何谓经济责任。这是其他学生所没有的，而她在五年级的时候就学到了。

# 第三部分
# 疯狂之举

该死的鱼雷！全速前进！

# 第十二章

## 独立思考

这一章是为已经疯狂投入，但还想做得更多的老师所写的。如果你认同唐·吉诃德的想法，就请继续读下去吧！如果你对教学的热情多到愿意免费教书的程度，就请卷起袖子，准备干活吧！如果你自我期望的最高境界是看着孩子们做到他们从没想到能做到的事情，你就来对地方了。

过去 20 多年来，第 56 号教室每天早上 6 点半便敞开大门。我在一片漆黑中到校，比正式上课的时间早了整整一个小时，而迎接我的是一群热切等待学习的学生。他们自愿早到，和我一起用这一小时来训练一项经常受到忽略的技能：解决问题的能力。就像许多好主意一样，"提早到校指导学生"是在偶然间开始的，出发点原本是为了赢得比赛，后来却演变成学生一天当中最有价值的时光。

今天，第 56 号教室的学生个个都是解决问题的高手。不过，以前的学生并非如此。刚开始教书的那几年，为了让学生在学校定期举办的数学比赛中胜出，才教他们"分析思考"和"解决问题"。获胜的班级可以跟其他学校一决高下。学生们在竞赛中大获全胜，让愚昧的我得意洋洋。经过很长一段时间我才明白，专注于赢得竞赛让我未能把具有真实、永恒价值的课程教给孩子们。教他们解决问题的目的应该是为了

137

开发思考和分析过程，增进他们解决数学题目以及日常生活问题的能力。"希望在比赛中胜出"是属于第二阶段思维的层次，我希望看得更远，并且带着学生一起向上提升。

因为我并不特别有创造力，所以只能尽我所能给他们最宝贵的东西——**时间**。我用大量的时间和学生相处，就连寒暑假也几乎天天陪着他们学习。我们周六要上课，有时周一到周五放学后也在教室留到晚餐时间。

我不是圣人，我也希望能和家人去打网球或听音乐会。值得开心的是，我的收获远远超过付出：第 56 号教室最充实的时光，常常就发生在第一堂课之前，或放学后的非正式上课时间。班上的孩子们是自愿在这段时间全员到齐的，所以从来不曾发生纪律问题。我只需专心教书即可，这真是人生一大乐事。我们在漆黑的天色中开始上问题解决课程，于太阳升起之际告一段落，随即开始一天的课程，这感觉还挺有诗意的。

## 圣经

在学年一开始，我会和学生们玩一个小游戏。我跟他们说，我们要解几个难题，并要他们做好充分准备。此时，几乎全班学生都把纸笔拿出来，表示他们已经准备好了。

我开始大笑，然后问他们为什么都握着铅笔。**我教他们的第一件事就是，铅笔解决不了问题，只有"人"才有这个能力。孩子们学到解决问题的第一步就是：放下铅笔，理解眼前的挑战。**此时，我把"圣经"影印本发给他们。第 56 号教室所谓的"圣经"，并非新约或旧约《圣经》，而是在上第一

138

堂问题解决课时发给学生，让他们贴在课桌上虔诚朗诵的一张纸。内容如下：

### 如何解决问题

步骤一　理解题目（把铅笔放下）

　　　　搜集相关资料

步骤二　选择合适的策略

　　　　（1）付诸行动

　　　　（2）选择运算方式

　　　　（3）画图

　　　　（4）先猜测再检查

　　　　（5）找出模式

　　　　（6）制作图表或表格

　　　　（7）逻辑推理

　　　　（8）逆推

步骤三　解题（拿起铅笔）

步骤四　分析

　　　　我的答案合理吗

　　孩子们和我反复朗诵上述的问题解决步骤，直到他们朗朗上口为止。第一位让我眼界大开，看见教导思考过程的重要性的，是一位名叫蓝迪·查尔斯的数学老师。他指出："老师们常说'动动大脑啊'、'自己再看一遍'这样的话，让孩子们感到很沮丧。"

　　老师有时会对解不开题目的学生失去耐性："动动大脑

啊!"动动大脑？这句话到底是什么意思？我还没见过任何人在听从这个命令后解决问题的。"自己再看一遍"也是。学生们常会在鼓起勇气向老师求助，希望老师帮助解决某个问题时听到这句话。"自己再看一遍"的命令往往让学生们饱受惊吓，不敢回答老师说："喂，这位女士，我已经看了12遍了，就是看不懂才问你啊。我需要帮忙啊!"

为人父母和师长的我们，不该常用无意义的指示来搪塞遭遇困难的孩子：我们必须做得更好。"圣经"这张具体的路线图为我们班的孩子指出解决问题的流程，让他们知道如何理解、破解，从而解决问题。

我在学年一开始将全班分成四组。我告诉他们，我们会在"圣经"的每个策略上花一星期的时间，第一个星期学的可能是如何用画图的方法解题。若情况如此，我会从发给学生下面的简单题目开始：

约翰为将要来参加生日派对的朋友烤了一个长方形的蛋糕，并在蛋糕周边每隔2英寸插一根蜡烛。每个长边上插着6根蜡烛，短边5根。请问，蛋糕有多长、多宽？蛋糕上共有几根蜡烛？

缺乏解题经验的学生想不出任何答案。其他学生（尤其是学过"运算"但没学过"分析技巧"的学生）可能会回答蛋糕上有22根蜡烛（6+6+5+5）。他们会算出蛋糕有12英寸长（6×2）、10英寸宽（5×2）。只可惜，答案是错的。

解题训练初期的上课情况大致如下：上午6点40分，学生们已经看完题目，端坐在座位上，铅笔放在桌上。

雷夫：要解这一题，先要怎么做？步骤一是什么？

全班：理解问题。

雷夫：怎么理解问题？

杰西卡：搜集"相关资料"。

雷夫："相关"指的是什么？

全班：重要。

雷夫：那"资料"是什么？

奇佑：信息。

雷夫：看题目的时候，资料一定都是相关吗？

全班：不一定！

雷夫：没错。资料有时候是不相关的。有谁可以指出相关
　　　的资料？

露西：一个烤好的蛋糕。它是长方形的。

约翰：长边有 6 根蜡烛。

雷夫：会有几个长边（确认学生都理解了）？

全班：两个！

史蒂芬妮：短边有 5 根蜡烛。

雷夫：还有呢？

全班：……（一片寂静）

雷夫：插蜡烛的间距是多少（引导学生理解资料）？

艾德加：两英寸。

雷夫：你说对了，艾德加。我想，该有的资料都有了，也
　　　都理解题目了。谁可以告诉我步骤二是什么？

全班：选择合适的策略。

雷夫：谢谢大家还记得用"合适"这个词。有没有人知

道什么是合适的策略呢？

索尔阿：画图。

雷夫：没错（学生们知道我们在解的是"画图"题目）。

那么，我们就进入步骤三吧。步骤三是什么？

全班：拿起铅笔，解决问题。

雷夫：这么说，我们已经做完了。

全班：还没呢！我们还要分析。

雷夫：那就开始吧。

孩子们4个人一组，开始画图。他们很快就明白在计算两个长边和短边的蜡烛时，会重复算到蛋糕上4个角落的蜡烛，并发现蛋糕上总共只插了18根蜡烛。他们学到一件事：只要选对策略——在这个情况下是画图——问题的答案就会变得显而易见。

通过4人一组得出一个共同答案的方式，让学生们不只解了题，也分享了想法，建立了友谊，学着倾听彼此的意见。套用金博士的话来说，**他们学着在不造成敌对的情况下提出异议。若提出的答案相互冲突，他们不会用争辩的方式来解决，而是轮流说明自己的想法。**看到学生在听到自己错误的解决方案，然后发现自己原来错了时，这感觉真是好极了。

几个星期过去了，这些早起的鸟儿在几个月内解答了几百个题目。一段时间之后，我就不再带着他们复习每一个步骤，而是给他们题目，让各组自行决定合适的策略。很多数学老师鼓励学生通过找"关键字"的方式解题，把焦点放在找出正确解答上。第56号教室的孩子也想得出正确解答，但他们明白，发现正确解答的过程比解答本身更重要。

我要学生解答的题目，包括以下几种典型：

> **1. 题目**：墨宜斯看见一群鸟。其中一半是鹦鹉，1/4 是
> 老鹰，其余的是鹅。一共有 3 只鹅。请问这群鸟当中
> 有多少只老鹰？
>
> **解答**：3 只。

学生必须看出适合这个题目的策略是选择运算方式，意思是利用加、减、乘、除得出正确答案。就这个题目而言，学生要把 1/4 和 1/2 相加，再从总数减去相加所得的数字（1 – 3/4），找出"剩余的鹅"占总数的 1/4。因为这 3 只鹅代表1/4 的鸟群，而老鹰也是 1/4，所以共有 3 只老鹰。搞不清楚分数的学生可以用画图的方式来辅助。这样也能帮助学生了解思考的方式可能不止一个，而这也是学习解题的另一项好处。

> **2. 题目**：三个女侍塔尔丝、玛莉莲、崔西把拿到的小费
> 都放进同一个罐子里。塔尔丝第一个回家，她拿走罐
> 子里 1/3 的钱。玛莉莲不知道塔尔丝已经拿走她的一
> 份，于是也把自己的那一份拿走了。崔西不知道其他
> 人已经把她们认为属于自己的小费拿走了，所以只拿
> 走了罐内所余金额的 1/3。最后，罐子里剩下 8 美元。
> 请问，小费罐里原本有多少小费？
>
> **解答**：小费罐里原本有 27 美元。

学生知道这是一个逆推问题。最后一个女侍留了 8 美元在罐子里，表示她拿了 4 美元，也就是说，在她把钱拿走之前，罐子里有 12 美元。这 12 美元是第二个女侍玛莉莲留下来的。同理可推，塔尔丝留下了 18 美元。这表示塔尔丝拿走了 9 美元，所以罐子里原本有 27 美元的小费。

3. **题目**：在霍伯特小小莎士比亚数学竞赛中，每个学生
要做 20 个题目。每答对一题可得 5 分，每答错一题倒
扣 2 分。伊莲娜拿到 72 分。请问，她总共答对了几题？

**解答**：伊莲娜答对了 16 题。

年纪较大的学生会用代数来解题，年纪较小的学生可以
先猜测再检查。只要知道每个学生要做 20 题，就猜得出几题
是答对的。假设一开始猜 14 好了。14 个正确答案可以得到 70
分，但是 6 个不正确的答案会让伊莲娜的总分变成 58。答对 14
题的得分太低了，所以才要再猜别的答案。这个策略可以协助学
生估算和求数值，也能强化他们的推理能力。

4. **题目**：在暑假之初，伊恩·麦凯恩爵士想送一些礼物给
霍伯特小小莎士比亚们。他设计了一个游戏，看看谁可
以拿到礼物。他要 100 个孩子排成一列。他给第一个小
孩 100 根小棒子，要他保留一根，然后顺着队伍往下走，
发给每个人一根小棒子。任务完成后，第一个孩子回到
队伍中。接着，伊恩爵士要第二个孩子顺着队伍往下走，
从自己开始把小棒子从偶数位孩子身上收回。第三个孩
子也顺着队伍往下走，只以 3 为倍数的孩子为对象做两
件事：遇到手上还有小棒子的，就把小棒子收回；遇到
手上没有小棒子的，就给他一根。第四个孩子也对以 4
为倍数的孩子做一样的事情，以此类推，直到第一百个
孩子为止。游戏以这个方式继续，直到每个孩子都给过
别人小棒子或从别人手上收回小棒子为止。伊恩爵士会
把礼物送给最后手上拿着小棒子的学生。请问，他一共
送了几份礼物？

**解答**：伊恩爵士一共送了 10 份礼物。

经验告诉孩子们，必须找出"模式"才行。虽然排队的孩子有 100 个，但最好先把问题简化，只看前 10 个小孩。只要跟着资料走，解决方案就会开始浮现：

第一个孩子把小棒子发给每个人，所以第一、二、三、四、五、六、七、八、九、十个孩子都有小棒子。

第二个孩子把小棒子从偶数位小孩手上拿走。现在，第一、三、五、七、九个小孩有小棒子。

第三个小孩针对 3 的倍数，把小棒子从第三和第九个小孩手上拿走，但是给第六个小孩一根小棒子。现在第一、五、六、七个小孩有小棒子。

第四个小孩给自己和第八个小孩一根小棒子，所以第一、四、五、六、七、八个小孩有小棒子。

第五个小孩从自己手上拿走小棒子，然后给第十个孩子一根小棒子，现在，第一、四、六、七、八、十个小孩有小棒子。

第六个小孩会拿走自己的小棒子，轮到第七和第八个小孩时也是如此。

轮到第九个小孩时，他会给自己一根小棒子，而第十个小孩则会拿走自己的小棒子。

至此，当前十个学生都执行完各自的任务时，第一、四、九个孩子会有小棒子，而孩子们会发现这些数字全都是平方数。

一旦发现这个模式，即可清楚得知在游戏最后会有十个小孩有小棒子。他们是：第一、四、九、十六、二十五、三十六、四十九、六十四、八十一，以及第一百个小孩。

> **5. 题目：** 在健身俱乐部里，有 371 个人使用举重间、514 个人使用游泳池、489 个人打网球。其中，有 179 个人既游泳又举重、177 个人既打网球又举重、184 个人既游泳又打网球。三项都做的人有 100 个，三项都不做的人则有 89 个。请问，共有多少人上健身俱乐部？
>
> **解答：** 共有 1023 人上健身俱乐部。

这是一个画图问题，需要用到文氏图（Venn diagram）。孩子们很爱用这些图。他们要画出相交的圆形并加以标示，再利用不同的区块标示题目上的资料。请小心！就算题目里有 "179 个人既游泳又举重" 的叙述，不代表要把 179 放在重量训练和游泳的区块里。把数字 100 放在表示三项活动都做的区块里，就表示已经计算过 179 个人里面的 100 个了，请见下图。

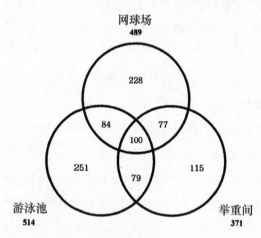

每天解答这类题目能强化本班班风。这些题目虽然很有挑战性，但也很有趣。孩子们不怕犯错，因为他们知道如果题目很难，马上会有人伸出援手。于是，他们表现得越来越好，不但思考能力进步了，而且从不以测验或分数为学习动力。在未来的岁月中，他们学到的这套解决问题技巧都将派上用场。能把一小时的时光用在学习这样的事情上，真好。

## ～～～～ 去哪里找题目 ～～～～

许多家长和老师都知道解决问题的价值，于是他们问我要去哪里找题目。我请他们从 www. mathstories. com 开始。这个网站很有趣，访客可以在这里找到各种巧妙又有挑战性的题目。不过说实在的，对父母来说最好的起点可能是孩子的数学课本。当你翻到文字题时，孩子们很可能会告诉你："这些我们跳过了。"略过题目的原因往往是难度太高，大人、小孩都不易解出来。你大可以坦白告诉孩子你不知道答案。"第56号教室圣经"上列出的解题步骤，是理想解题方法中的一个良好范例。不过，好老师在和孩子们一起解题之前，会先运用一点常识做准备的。

遇到以文字陈述的难题时，老师们必须先做准备。尽责的老师会在上课的前一晚解出所有题目，并且检查有无错误或模棱两可之处。然而，很多老师都不愿意投入时间或精力去教一些对孩子们说来可能最富有挑战的题目。

每一家贩售文具、教材的优良商店，都有卖适合各年级不同程度的解题练习本。无论问题是从哪儿来的，过程都一样：**理解题目，选择合适的策略，解题，分析**。这些基本步骤能够帮助孩子们解出这一辈子可能遇到的题目。

芭芭拉，我优秀的另一半，会问我教的学生一个问题，我们称之为"芭芭拉问题"。这个问题虽然简单，寓意却很深远："遭遇困境的时候，你会怎么做？"注意，题目中并没有使用"如果"二字；困境会发生，它是人生的一部分。成功或失败、满足或不满，往往都取决于回答这个简单问题的能力。在第 56 号教室内反复学习的解题步骤，为芭芭拉的问题提供了解答。

## 雪箭霜刀

我的教室装有精心设计的专业级舞台灯光，它是由一位专为世界顶尖摇滚乐团设计灯光的技术人员所安装的。利用这些灯光，我们把第 56 号教室变成演出莎翁剧作的剧场。

某天晚上，本地的一个帮派闯入我们学校，把第 56 号教室捣了个稀烂。破坏狂们破坏了孩子们的美术作品，用喷漆在墙上留下亵渎的文字，还把舞台灯光给拆了。他们砸毁了我们的两座舞台灯塔、很多灯泡（很贵的那些），还把好几百英尺的电线全拉了出来。

事情发生的时候，学生们正在放假，而我正带着以前的学生到东岸参观大学。我们在罗德岛普洛维顿斯参观布朗大学时，一个学生从洛杉矶哭着打电话给我。她到校准备参加管弦乐团练习时，看到警车，以及在搜集众多教室（包括我们的教室）被毁相关资料的调查人员。我试着安抚她，告诉她那不过是一间教室而已。我还告诉她，第 56 号教室的学生之所以特别，是因为他们的精神和态度，这是任何帮派都夺不走的。我要她别担心，说下个星期我就会回去了，到时我会处理的。

挂上电话之后，我为了身旁即将上大学的学生们勉强装出勇敢的表情，内心却在尖叫呐喊。这种冲击就像拳击手想把毛巾丢进拳击场宣布弃权一样。我一边开车载着学生从纽约前往康奈尔，一边想着留在洛杉矶等我回去处理的那场混乱。那需要好几个小时的清理、抢救，才能使教室恢复原状。

一周后，还在休假中的我，在某天清晨到校准备开始这个工作。走进第 56 号教室那一瞬间，我简直无法相信自己看到的景象！教室里一尘不染，甚至比我离开的时候更好。凯莉（打电话到罗德岛给我的那个 10 岁女孩）完成了这个梦幻任务。她说她以"搜集资料"来解决问题：打电话给同学，分派工作。有些孩子到五金行买了一些特别的清洁器材，清掉了教室里的涂鸦。露西亚，另一位问题解决者，则组织了一支"辨识队伍"，把从课桌里掉出来的纸张和文件夹物归原主。

光是这样就很不得了了。学生们还打电话给莎拉求助。11岁大的莎拉是我以前的一个学生。她和她的朋友们重建了舞台灯塔，还把纠结的电线拆开，重新绕上调光控制器。她甚至特别搭巴士去找舞台灯光专用的特殊灯泡，另外再上网找到重设调光控制器的程序。就在我回学校那天，莎拉说她变动了一些灯光序列，希望我不会介意。她做了些改进。

我当然不介意！即使在我累到无法思考的时候，这些学生所做的事情，依然能让我每天精神抖擞地提早到校。人一生难免遭遇困境，但第 56 号教室多的是"解决问题"的人。在上课之前，我必须花一些时间规划这一个小时该怎么利用，因为这是值得的。教导孩子们思考和解决问题的方法，是我能给他们的最好的礼物之一。无论选择什么样的人生，他们都将成功应对"暴虐命运的雪箭霜刀"①。

---

① 语出莎翁名著《哈姆雷特》中的经典独白。

## 雪箭霜刀

　　教会孩子们思考和解决问题的方法是我能够给他们的最好的礼物之一。

# 第十三章
## 电影英雄

想想还挺好笑的：绝望的时刻竟可以带来美好的事物。以前星期一早上，我听到班上学生说他们周末都在做些什么时，会感到沮丧。很多学生会说，他们看了一部电影。我问他们看了什么，回答通常是《强尼狂杀》（*Johnny Kills Everyone*）或《血魔大反击2》（*The Slasher Strikes Again*）之类的。各位知道我指的是哪种电影吧！之后，我会对孩子们讲一番大道理，说明这些电影为什么不适合他看，"因为这些电影都在强调人性的卑劣本能，拍这种片子的人给社会带来负面影响，我们不应该支持他们。""这些电影对你们很不好。实际上，简直糟透了……"

当然，根本没有人把我的话听进去。从来没有一个孩子回应我："天啊，雷夫，谢谢你指出我的错误。我会一辈子感谢你。在未来，我会先参考电影专家的意见并和爸妈讨论之后，再观赏电影。这么一来，我就能接触到登峰造极的影坛杰作，在学习和个人方面都得到成长。"

好笑吗？没办法，人都是会做梦的嘛！

刚开始教书的时候，VCR（录像机）才问世。我是第一个带 VCR 到学校的老师。我还记得当时其他人脸上的表情：年纪较长的老师不知道那是什么，用怀疑的眼神打量着我。

实际上，我并无恶意，不过是想让孩子们看看"贺轩名人殿堂"所制作的电影《基度山伯爵》（*The Count of Monte Cristo*）而已。《基度山伯爵》是由理查·张伯伦（Richard Chamberlain）、唐纳德·普里塞斯（Donald Pleasance）、路易斯·乔丹（Louis Jourdan），以及费尔南德·蒙蒂戈（Fernand Mondego）主演。孩子们已经在课堂上读过原著小说，我想播放电影来丰富他们的经验。我们在放学后留下来观看电影，共度愉快的午后时光。

然而，随着观影次数的增加，我开始注意到一个令我忧虑的状况：孩子们只能专心几分钟，聆听技巧也很薄弱。当我说我们要看电影的时候，他们提出的问题都不是我想要的。"是黑白片还是彩色的？""长片还是短片？""新片还是旧片？"听了让我备感灰心。我要他们问的问题是："这是一部好电影还是不好的电影？"

于是我明白了，如果我要学生成为真正的电影行家，就必须用教代数和莎翁剧作的魄力和决心来教电影。这件事提醒了我，必须时时努力才能达到卓越。一直以来，我努力在教室中建立以表现优劣为赏罚依据的原则，而观赏伟大的电影就是强化这项原则的机会。

电影就像其他工具一样，可以用在适当或者是荒谬的用途上。从 VCR 到 DVD，有些教师因为懒得教学常在上课时间播放电影。他们骗自己相信在课堂上以播放电影代替真实教学的做法是行得通的。这种老师的数量之多，让我感到惊讶。

我举一个例子来证明这股令人忧虑的趋势。在学年结束前，学生会参加为期两周的标准化测验课程复习。教室门口被我放了"请勿进入"的挂牌，以确保学生能够专心作答而不受打扰。这时候另一班的几名五年级学生无视这块挂牌，大咧咧地冲进我的教室。看他们气喘吁吁的模样，显然是受到了很大的惊吓一路跑过来的。问过之后，才知道那天他们班的老师让他们自己选电影来看。孩子们把喜欢的电影带到班上，用投票方式决定要看哪一部。有个男生拿了《鬼王再生》（*Freddy vs. Jason*）来，因为得票最高，所以就在班上播放了这部影片。

没错，是《鬼王再生》。不管从哪个角度来看，这件事都太离谱了，怎么会有家长让 10 岁小孩看这种电影？买这部片子的人是谁，他又是怎么买到的？更严重的问题是：这个世界上怎么会有小学老师同意把这种电影放给班上的五年级学生看？

这或许是个极端的例子。但实际上，这样的事情根本可以避免发生。我播放优良的电影给孩子们看，是要他们在各方面都能够有所成长。**好的电影能建立孩子的品格，了解正确或错误决定所造成的深远影响，并且启发他们，让他们就算是身处困境也能为信念挺身而出。**

## ～～•～～～ 周末电影俱乐部 ～～～•～～

多年前，我开始认真思考把"电影"当作辅助孩子们学习的工具，并设计了一项可自由参加的课余活动——霍伯特·莎士比亚电影俱乐部。这个活动经过精心设计、规划的目的在于提高学生对电影的欣赏水平，增长知识，并强化写作、批判性思考、时间管理，以及承担责任的能力。其运作方式如下。

多年来，教室图书馆累积了大批馆藏（主要归功于家长的捐款，他们知道不需送我领带、皮带，或钱包作为圣诞礼物）。每周五，电影俱乐部会员都可从本班的教室图书馆借一张 DVD 回家，于周末观赏。学生们选定片子以后，把"霍伯特·莎士比亚电影卡"拿给第 56 号教室的 DVD 管理员即可。我针对每一部电影设计了 12 ~ 15 个问题，管理员登记完成时，会把电影和这张问卷交给学生，学生观赏后必须以语法正确的完整句子——作答，然后将问卷装在透明塑胶袋内，像新的一样再交回；如有破损，则暂时取消会员资格。关于 DVD 光盘的归还时间也有严格规定：缴回期限是周一上午。孩子们如果忘了把 DVD 带来归还，将遭到停借数周的处分。他们很快就明白，**带 DVD 回家是一种"资格"，不是"理所当然的权利"**。他们必须拿出有条不紊、值得信赖的表现才能得到这个资格。俱乐部会员同时也学到了和看电影完全无关的东西。

会员带回家填写的问卷通常有下列问题。在此以素有"最佳希区柯克电影"之称的《谜中谜》（Charade）设计的问卷为例。

## 《谜中谜》

### (1963)

1. 故事发生在哪个城市？

2. 蕾吉的丈夫查尔斯发生了什么事？

3. 德克斯、吉利登、斯坦利三人为什么在追查尔斯·兰波德？

4. 彼得·约书华为何向蕾吉坦承他真正的名字是亚历山大·戴尔？

5. 巴索隆尤先生要蕾吉不要说"间谍"，而要她改用什么词？

6. 亚历山大告诉蕾吉说，他"遇到一个指甲修剪得很整齐的男人"时，为什么很好笑？

7. 珍·路易斯被人绑架时，小男孩找到了什么"宝藏"？

8. 斯坦利发生了什么事？

9. 吉利登发生了什么事？

10. 德克斯死前所做的最后一件事情是什么？

11. 查尔斯如何藏匿他从美国政府偷来的 25 万美元？

12. 巴索隆尤先生原来是谁？

13. 彼得、亚历山大、亚当三人是怎么杀死卡森·戴尔的？

14. 蕾吉在亚当·坎菲尔德身上发现了什么令人震惊的事情？

15. 为什么蕾吉希望跟布莱恩生很多儿子？


**好的想法会自然演变成更好的构想。**某天，学生开始问我一部电影可否由一个以上的学生共同观赏。突然间，孩子们开始结伴看起了一流电影、讨论问题、练习写作，建立新的友谊。让我颇感惊讶的是，他们也很快对我所提出的建议表示信任。在孩子们展臂拥抱经典电影的同时，也开始抵制起美国文化所强迫推销的无聊院线片。他们懂得欣赏比利·怀德①（Billy Wilder）、西德尼·波蒂埃②（Sidney Poitier）、贝蒂·戴维斯③（Bette Davis）的作品。这些孩子们比其他人更早开始接触更多高难度的文学、艺术作品，以及体能挑战。因为参加了"霍伯特·莎士比亚电影俱乐部"，他们培养出一种迷人的态度，充满了求知的好奇心和对新事物的热爱。

## 星期二放学后

　　和世界各地数十万名不幸的教师一样，我每七天就会受困于当周例行的教职员会议员一次。本校会议于星期二下午举行。每周都有人告诉我们一种令人兴奋的新语言或数学教学新技巧——而这个新技巧总是和过去教给我们并强迫我们接受的最新技术相互矛盾。教职员会议惟一耐人寻味的事情，是当权者的白痴行径是否胜过前一周，而每次的答案都是肯定的。

　　因为老师开会，星期二会提早放学。这么做就得让阅读能力不到年级水准、言行举止糟到连《蝇王》(Lord of the Files) 中的杰克都相形失色的孩子们，提早结束在校的一天。每逢这样的日子，我都让孩子们做一件有益的事情——在放学后留校观赏一部好电影。看完电影的时候大约才4点或4点半，天还是亮的。虽然，星期二看电影是一项自由参加的活

---

　　① 四大神经喜剧大师之一。神经喜剧的最大特色就在于它语言的魅力，其中有隽永的对白、绝妙的双关语，或各显机锋的语言拉锯战，同时还包括了悦耳动听的音乐和歌曲。
　　② 演出电影《吾爱吾师》，是第一位奥斯卡黑人影帝。
　　③ 美国女演员，曾两度赢得奥斯卡奖，在各种类型的电影中都展现过突出的演技。

动，但它可以达到很多目的。孩子们可以借此机会增进对电影的认识，练习分析技巧，而我也可以知道哪些孩子愿意牺牲放学后的时间来学习。放映电影时我无法在场，不过很多以前的学生（他们也提早放学）会过来一起看电影。每个孩子都知道，不专心或不当行为会受到合理的惩罚，也就是失去参与这项活动的资格。每个星期二放映电影的 15 年来，这种事情从没发生过，因为孩子们喜欢在安静的环境中观赏，也知道自己观赏的目的。而在此过程中所培养的倾听技巧，让他们在未来无数情境中受益无穷。

## ❀～～什么电影以及如何获得它们～～❀

星期五下午的第 56 号教室总是充满兴奋。每个学生都有本班 DVD 图书馆的馆藏一览表，其中很多人会花好几天的时间决定要借哪个片子度过周末。当然，在看完以后，他们不一定会喜欢自己挑的电影——毕竟各有所好——但至少他们有很多选择。

本班的 DVD 图书馆目前约有 300 部电影。馆藏的建立是从参考美国电影协会"历史上最伟大的 100 部美国电影"等推荐清单开始的。当然，这类清单只是起点，而且至今我也未见过能让我完全认同的清单。原则上我尽量让孩子们接触各种类型的电影。他们会观赏剧情片、喜剧片、西部片、惊悚片、幻想片，以及外国片。去年刚开学时，看过《绿野仙踪》的学生不到 5 个，看过《E. T. 外星人》的不到 10 个，更没人知道《星球大战》（*Star Wars*）系列始于 1977 年。在一年内，这些孩子都了解了为何斯蒂芬·斯皮尔伯格（Steven Spielberg）如此推崇黑泽明（Akira Kurosawa）。

请注意，就像我之前提过的，每个观众立场各有不同，要互相体谅。我有一个惨痛的经验，我的一名叫帕布罗的优秀学生，把彼得·威尔（Peter Weir）的电影《证人》（Witness）借回家看。当时我心想，由哈里森·福特（Harrison Ford）所主演的动作惊悚片，应该是向 12 岁学生介绍阿米什人①神秘生活方式的最好方法。结果第二周的星期一，帕布罗的母亲来到教室，火冒三丈地指责我竟然让他的儿子看这种"垃圾"。她很惊讶我竟然让他看"那种不好的画面"。起初，我不知道她在说什么，然后才想起来电影里有一幕，是哈里森·福特所饰演的名叫约翰·布克的费城警察，他在片中和阿米什女子瑞秋相互吸引。有天约翰不小心看到瑞秋在洗澡，画面上她的裸胸一览无遗。这两个人相互凝视，接着约翰就走了出去，因为他知道他们俩不可能发展出进一步的关系。

当帕布罗的母亲站在我面前要求解释时，我很后悔未能顾及她的观点。同时，我还想起电影一开始有两名邪恶警官，在火车站厕所割断男子喉咙的画面（看伟大的丹尼·格洛弗（Danny Glover）在出道早期扮演坏人，真有意思）。我对帕布罗的母亲反对美丽的女性胸部更胜于血腥谋杀一事感到好奇，但我很识相，知道不跟她争论才是上策。反正，她在训了我一顿之后就匆忙离开了教室，因为她已经跟她的牧师约好，要在当天早上帮她的小女儿"驱邪"。我发誓这不是我杜撰的！这件事让我彻底明白，并非每个家庭都是从"我的"观点看

---

① 从门诺教派分出的一支，主张与现世彻底分离。他们不使用如电力、汽车等文明产物，服装和生活方式自成一格。

事情。附带一提，当我听到她女儿要"驱邪"时，是使出了全部的自制力才克制住不要追出去向她说："驱邪？我有一部电影适合你看！"

不过，说真的，这件事让我上了一课，使我将"不同的家庭有不同的道德观"这件事牢记在心。我立刻建立了一个系统，请每位学生的家长明确地告诉我他们准许自家孩子看什么片子。俱乐部中，有些会员只能看普遍级，有些可以看辅导级。以前的一些学生还可以看限制级，因为他们的爸妈认为没有关系。不同家庭所定的界线本来就不一样，所以重点是不要让孩子们越界。你的任务是让孩子们接触到好的电影，启发他们去注视、倾听，并且书写从电影中得到的心得和感想。

## 传统

每年学生都会和我一起欣赏下列几部电影。当然，这些片子不适合每个年龄层的孩子，它们只是得到我的学生良好反映的影片而已。

| | |
|---|---|
| 《十二怒汉》 | 这是我们班一起看的第一部电影。这部没有特效的杰出剧情片，总能改变学生们对电影"因何而伟大"的看法。 |
| 《正午》 | 像所有杰出的西部片一样，这部片子讲的不只是"西部"。它强调个人道德原则的重要性——即使在几乎没有人讲原则的情况下，仍然坚守原则。 |

159

| | |
|---|---|
| 《决战怒河》 | 这不是一部伟大的电影，不过，在介绍革命战争时，它是个不错的补充教材。 |
| 《绿野仙踪》 | 没有任何一个地方比得上温暖的家。 |
| 《一夜狂欢》 | 可说是历史上最能传达音乐之喜悦的电影。 |
| 《梦幻成真》 | 最好的棒球电影之一。我们在世界大赛开始前大约一个星期看这部片。 |
| 《盲女惊魂记》 | 我们在万圣节前几天看这部惊悚片。孩子们一窥奥黛莉·赫本（Audrey Hepburn）的明星气质，除此之外孩子们对艾伦·阿金（Alan Arkin）所饰演的恶徒感到不寒而栗，对于片中的一些攻击场面更是吓得要死。 |
| 《拯救大兵瑞恩》 | 我们在阵亡将士纪念日前一周看这部电影。孩子们永远忘不了汤姆·汉克斯（Tom Hanks）的命令"活下去"，一整年都重复说着这句台词。 |
| 《一路顺风》 | 我们在感恩节前的星期三下午看这部片，并在观赏后一起吃晚餐。对班上许多学生来说，这是 |

他们生平第一顿感恩节晚餐。

《南北战争》　　　　这部是由知名纪录片导演肯·
柏恩斯为美国公共电视台PBS所
制作的电影。它是认识南北战
争的绝佳补充教材。另外也可
观赏《光荣战役》（*Glory*）和透
纳娱乐公司制作的《盖茨堡战
役》（*Gettysburg*）（根据迈克·
撒哈拉（Michael Shaara）的小
说《杀手天使》拍摄）。

《生活多美好》　　　我们在每年12月23日看乔治·
贝里（George Bailey），学习生
命中最重要的一课。

《偷天情缘》　　　　孩子们在2月观赏这部令他们捧
腹大笑的电影，同时利用一个下
午的时间认识了"土拨鼠节"。

《卡萨布兰卡》　　　我们在每年的情人节看这部电影。
"就看你们的了，孩子们！"①

《人鼠之间》　　　　我们在读完斯坦贝克的小说之后
观赏这部由约翰·马尔科维奇
（John Malkovich）与加里·西尼
斯（Gary Sinise）主演的电影。

《麦尔坎X》　　　　观赏这部电影为聆听《麦尔坎

---

① 被美国电影协会票选为电影史上最令人难忘的名句之一。

| | X》这本有声书画中完美的句子。能听见奥西·戴维斯（Ossie Davis）朗诵多年前感人至深的悼词，真棒！ |
| --- | --- |
| 《史密斯先生到华盛顿》 | 这部电影是美国宪法和政府相关课程的绝佳补充教材。 |
| 《杀死一只知更鸟》 | 这是我们每年读的最后一本书和看的最后一部电影。孩子们每年都在翻阅书页、观赏电影时掉泪，而明知会出洋相的我，也不禁跟着哭了起来。 |

对以上电影，只是建议去看。父母或老师大可自列电影清单，释放疯狂创意，**但请务必和孩子一起看电影，启发他们，以身作则，让他们学会安静观影、仔细思考。**我们永远无法预知这些努力会发挥什么功效。

在周末电影俱乐部成立之初，我万万想象不到它会对以前一名学生弗兰克造成那么大的影响。弗兰克是个好孩子，但表现并不突出。他照规定做功课，选择阻碍较少的道路走，不惹麻烦。不论从功课或态度上，我都看不出他的人生会有什么不平凡的发展，直到电影俱乐部触动了他。

他爱上了电影。实际上，用"爱上"形容还不够到位。这孩子以每周末 3 ~ 4 部的速度看电影，他不但回答问题，而且还用长篇大论来回答。我从没见过这样的热情。他手中所握的铅笔具有一股强大力量，使我联想到梵·高（Van Gogh）

的名画《星夜》（Starry Night）。

在我们共度的一年里，星期一是我俩进行惊人对话的日子。第一次的对话很简短。

弗兰克（交出黑泽明《罗生门》的问卷）：雷夫，你认为
　　《罗生门》是黑泽明最好的作品吗？我觉得《大镖
　　客》（Yojimbo）比较好。

雷夫（慌张不安地）：呃，喔，我不知道呀，弗兰克。
　　两部片子都很好啊！

弗兰克（已经转身离开）：嗯，我觉得《大镖客》比较好……

他当时 10 岁。

几周后，我问他这个周末在做些什么。这是他几个月来第一次没有带电影回家看。

雷夫：嗨，弗兰克，周末过得如何？

弗兰克：很棒！我妈带我去看加州威尼斯海滩的捷克影展。

雷夫：你去看捷克影展？

弗兰克（没耐心地）：你看过捷克电影吗？

雷夫（结结巴巴）：呃，实际上……嗯……

弗兰克：他们有些片子拍得不错。

雷夫（白痴老师）：喔，弗兰克，你这么爱电影，以后
　　　　　　　　应该当影评人。

弗兰克（明智学生）：影评人？影评人什么事也没做呀。
　　　　　　　　我长大要拍电影。

现在，弗兰克是纽约大学电影系的学生。我从没为这个男孩做过太多事情。我们处得还可以，也都喜欢棒球。但无论从哪个方面来看，我都没有让他变得更聪明、更懂事、成绩更好。我只是丢几部片子给他，显然一切都因此而不同了。这些他也知道，所以每年圣诞节，弗兰克都会寄一部片子来丰富我们的馆藏。

# 第十四章
## 行万里路

有天晚上，我和学生们经过华盛顿特区的 D 街，前往硬石餐厅吃饭。用餐的气氛很愉快，侍者对我们也很好。会演奏乐器的孩子们津津有味地欣赏着餐厅里的各种纪念品。大约有 30 个学生和我在一起。当我们走进餐厅时，一位友善的接待人员走了过来。

接待人员：哇，你的工作大概是世界上最困难的吧，带这么多小孩！

雷夫：不是的。别担心，他们都很乖。

接待人员：吧台在那儿。我们会妥善处理的。

雷夫：你的意思是？

接待人员：你知道的啊，吧台……

雷夫：老实说，我不懂你的意思……

接待人员：呃，来我们这里的学校很多。老师们都会到吧台喝一杯，让孩子们在餐厅到处跑。

雷夫：谢谢。不过我们安排事情的方式不太一样。

确实如此。不论是下午的博物馆半日游，或是横跨华盛顿特区和弗吉尼亚州的两周之旅，没有什么事情比带孩子们

出去旅行更让我乐在其中的。老师们往往将旅行当作假期，
我则视为强化教室教学的无价机会。第 56 号教室学生的旅行
是独一无二的，因为我们有精心规划的各项活动、做好充分
准备的学生，以及明确的旅行目标。我要通过这些旅行把孩
子们终身受用的课程教给他们。

## 万里路，为何故

这是个很好的问题。任何一个曾经造访华盛顿特区的人，
应该都有目睹过孩子失控的不愉快经验。去年我在史密森尼国
家太空科学馆上厕所的时候，刚好遇到一群中学生从洗手间出
来，他们因为在马桶坐垫上涂满粪便而大声笑着，现场看不到
老师的踪影。当我向该馆的警卫抱怨，要求制止那群学生时，
一名和善的男子耸了耸肩对我说："我的时间都用在确保大门安
全和防范恐怖分子上了。孩子们一旦进门，我也拿他们没
办法。"

学校旅行已经变成这副模样了，说明我们的社会和教育
体制正在恶化。从那间厕所出来的孩子在回家后会告诉亲友
他们参观了华盛顿特区，而听到的人大多会回答："学校真
好。"他们不明白，现今的博物馆和名胜古迹充斥着毫无目的
乱逛的青少年，而带团的大人们也同样一无所知。

这种情况是可以避免的。**我带班级旅游时，就设定了两
个清楚的重要目标：首先，霍伯特的小小莎士比亚们应该用
一种不同于平庸学生的热情来追求知识的深度**。进入林肯纪
念堂时，他们对于该人、该地以及为后人所怀念的原因所知
甚详。在前往顺尔杰莎士比亚图书馆观赏《暴风雨》 (*The*

*Tempest*）的演出之前，他们一定会彻底研究过剧本，并具备评价演出的能力。我不要我的学生沦为平庸之徒。

**其次，我通过旅行让他们提早认识"大学环境"。**我认为，今日许多小学、初中，以及高中生对于大学的认识方面，都犯了一个虽然小但后果严重的错误：他们过度强调进入大学，而忽略了许多大学生最终无法完成大学学业的问题。怎么会这样？绝不可能是因为学生不努力。他们都是在学校里表现优秀的一群，成绩好，考试分数高，参加了丰富的课外活动。难道是突然变笨，所以不能毕业？当然不是。毕竟，对这些孩子而言，通过英国文学这门课是易如反掌的。但是，如果遇到这样的情况：在星期六晚上，有两篇报告星期一要交，不巧却发起烧来，而且没有妈妈在身边拿药给你吃，该怎么办呢？**很多孩子根本就还不懂得怎么"生活"，导致无法应付大学生活。第一次独立生活的孩子可能会因为不知如何处理"金钱"、"人际关系"、"寂寞"、"难相处的人"及"失落感"，而败下阵来。**利用四处旅行的机会，我把未来独立生活时所需的技能教给第 56 号教室的学生。霍伯特的小小莎士比亚们进得了大学，而且毕得了业，这一切都是从教室外的旅行开始的。

## 行前准备是关键

几年前，在外地教书的一位朋友带学生到西岸来做校外教学。他向我抱怨在迪士尼度过的一天，让我颇感意外。他说孩子们都觉得很无聊。咦，这就怪了！在大热天里造访拥挤的"奇幻王国"的人，可能会发现迪士尼乐园不是"世界上最快乐的地方"，但我还没听过有人觉得那里"很无聊"。基于好奇，我问这位朋友他们这趟旅行是怎么进行的，以及（或许更重要的）他们的行前准备。请各位看看他们班和第 56 号教室之间的差异。

| 朋友带的高中班 | 第 56 号教室 |
| --- | --- |
| 他带的高中生完全不了解迪士尼的历史。 | 孩子们读过柏恩包姆的《迪士尼乐园指南》（*Birnbaum's Disneyland*），也收到了这个"奇幻王国"的地图。 |
| 那群高中生不喜欢"丛林巡航"。 | 孩子们很喜欢它。他们先看了电影《非洲皇后号》（*The African Queen*），为巡航做准备。旅程结束时，他们纷纷讨论电影和亲身体验的相同点和差异处。 |
| 高中生很喜欢"飞溅山"垂直下坠的瀑布。 | 第 56 号教室的孩子很爱垂直下坠，还跟着音乐一起唱歌。他们看过迪士尼电影《南方之歌》（*Song of the South*），不但认识片中所有的角色，还写过报告讨论了片中的种族主义。 |
| 高中生认为"疯狂大冒险"很蠢。 | 孩子们读过儿童名著《柳树中的风》（*The Wind in the Willows*），一路上找着他们最喜欢的角色。 |
| 高中生没去听林肯总统的动人演说。 | 孩子看过肯·柏恩斯拍的《南北战争》，所以很喜欢这个新设施。他们最喜欢的部分是林肯写给麦克荣伦（General McClellan）将军的信，他们已经在学校读过，也研究过这封信了。 |
| 高中生的餐费是由全程陪同他们旅行的十多名监护人支付的。 | 孩子自付餐费，所以用起钱来很小心。没有一个孩子发生透支的情况，他们都预先算好要花多少餐饮费了。 |

相较之下，各位明白我的意思了吗？

一想到带学生出门远行要花那么多钱，我的第一个念头就是跑到附近的书店花 15 ~ 20 美元买一本好的旅游指南，尽可能多了解和目的地有关的一切。我会找出人较少的时段，查询天气状况和可能感兴趣的特展。孩子们也查阅了相关的书籍，尽量吸收我能为他们找到的资讯。

上路前，我有些工作要做，孩子们则尽可能做好行前准备，他们知道要找哪些游乐设施或展览。他们为每一餐的花费做规划，也在前一晚睡得好好的。他们还把"道德发展六阶段"运用在旅途上。如果有老人想买冰淇淋，他们会"分散人流"，让老人排在前面。没有人规定他们这么做，但他们就是这样的人。**这些旅行让孩子们有机会接触到更广大的世界，同时发掘自身最好的部分。**

我的同事安德鲁·汉恩是全美国最好的美术老师之一，他曾多次陪同我的学生旅行，并将我们的哲学应用到他的杰出计划上。没有什么事情比带学生到洛杉矶州立艺术博物馆更令他感到兴奋了。就像所有的好老师一样，安德鲁的学生因为他的帮助而卓然出众。我们都看过小孩子在博物馆里面乱跑，不过，他却将博物馆之旅当作一场截然不同的冒险。

由于安德鲁带的孩子出身于贫穷家庭，很多人家里都没有车，于是，他决定替博物馆之旅附加公共运输之类的课程。安德鲁亲身试乘了巴士和铁路系统（这在洛杉矶可不容易），找出前往博物馆的最佳路线。他大可以找人接送孩子，但最后他依然决定使用公共运输工具。突然间，这不只是一次校外教学了，安德鲁的学生们也学着去探索窗外的世界，他们开始把星期六的时间花在图书馆和博物馆，不再觉得自己受困于公寓。他们知道这些地方要怎么去，因为老师已经为他们示范、说明过了。

安德鲁的学生总是带着明确的目的参观博物馆。他们知道博物馆各楼层是怎么规划的；每个学生都有一张地图——也知道自己想看哪些艺术作品，有时他们可能只欣赏一两幅画作。他们通常会拿出素描本，试着自己动手描绘画作。他们了解自己所临摹的画作是谁画的。到了要回家的时候，学生们都发出遗憾的抱怨声。

## 钱从哪里来

带学生出门是要花钱的，有时所费不菲。只有最投入教学的老师们才愿意花大笔钱在学生身上！

我早年自掏腰包支付所有费用，但这么做是错的。下午、晚上、周末的兼职我都做——就算为班上学生多筹到一块钱也好。我在摇滚音乐会上看守厕所，为冰淇淋公司的产品做市场展示，替《洛杉矶时报》送报，帮邮递人员开车，还到比佛利山庄给有钱人的小孩当家教。那些工作全是我讨厌的，但当时的我一心只想给学生最好的旅游。

兼职的经验让我学到三件事。第一，带学生出门时，每个人都应该付一些费用。如果你的付出是不求回报的，对方往往也无法从中得到任何东西。无论他们付的是一美元或一百美元，就连我们班最穷的小孩也能为旅程做出一些捐献。第二，一次兼好几个工作是会把人的健康搞坏的，就连最强壮的人也受不了，我自己就累得很惨。我有钱带孩子们到各地去，却因为生病或疲劳的缘故无法把带队的工作做好，那就不值得了。

最后，我明白老师不是孤立无援的。许多基金会、社区组织，以及个人都是可能的经费来源。我要请各位（至少在一开始的时候）注意的是，赞助人可能不愿意资助旅游，因为他们认为这种赞助只能产生短期效果。筹募电脑、乐器，以及实验材料等耐用性物品的赞助成功率会比较高。无论如何，如果你没到相关政府部门，将你的班级登记为正式的非营利组织，赞助人是不会把钱捐给你的。

登记非营利组织也是要花钱的，你可以请律师处理。就我个人情况而言，我有个守护天使。他是我以前的学生麦特·帕罗。他毕业于耶鲁大学，现为法律系教授。他一直以来都是引导霍伯特·莎士比亚基金会前进的一股力量。如果你没有像麦特这样的朋友，不妨联系几家律师事务所，看看是否能找到不至于让你倾家荡产的善良律师帮你处理此事。

非营利组织一旦成立，就请专注在你的班级上。头几年先别计划长途旅行，先打造一个好的学习环境。当潜在的赞助人看到你的班级正朝着对的方向前进，说不定就愿意伸出援手。把初期得到的赞助用在采购额外的书本、电脑，以及实验材料上。只要你全心付出，未来有的是时间规划完美的旅行。我们班一开始不常出门，我把重心放在打造一间梦幻教室，先稳固基础。

## 华盛顿特区：不只是美国历史

美国首都是家庭和学校团体旅游的热门地点。我们班每年都会有一趟首都之旅。以下是华盛顿之行的一些旅游建议。这些都是我多年来的心得。

## 何时出发

即使可能性不高，也尽量选淡季出发。夏天湿热的天气因素可能对孩子们的情绪产生严重影响。此外，如果可能的话，请避开春季假期。我知道盛开的樱花很美，春天风光宜人，但此时正值学生团体的参观旺季，而大多数学生的行为都很糟糕。博物馆和纪念馆挤满了失控的孩子和精疲力竭的带团老师，这些都不是给我的学生优良示范的时机。

我们班通常在 10 月底或 11 月初前往华盛顿。这是一年当中风光最优美的时节，而全年制的学校这几周刚好放假。首都很安静，选择此时造访的学生团体很少，是一个适合灌输文明行为的好环境。我们的行程安排固然令学生感到兴奋，但这绝不是一生一次的活动。**我要学生把旅行当作这辈子常做的事情。**

## 行前准备

谁可以去？我认同"不让任何一个孩子落后"的口号，但我平时总是任由孩子落在后头，不强迫他们。本校于每年的 7 月开学，想跟着我造访华盛顿的学生必须用整个夏天和秋天的周五、周六下午时间进行相关准备。有些人不想花额外的时间，这我没意见。我的工作是敞开大门，欢迎学生自由选择是否加入。不过，**只有愿意努力的学生，才能赢得跟我一起上路的资格。**

我们的行前准备向来分为两部分：首先，了解目的地的历史；其次，认识离家的生活。学生在周五放学后留校准备。我通常会用一个小时讲解尚未谈到的历史，观赏各总统纪念碑、纪念馆以及阿灵顿国家公墓的纪录片，详细研究我们将访问的目的地。例如，谈到林肯纪念堂时，我会下载刻在纪念馆墙上的林肯第二次就职演说全文给学生读，并和学生一起观赏公共电视的《南北战争》系列电影。我会讲解肯尼迪年代发生在达拉斯的刺杀事件，以及在刺杀事件后数周笼罩全国的哀悼氛围。当孩子们走进阿灵顿国家公墓的肯尼迪墓园，他们的神情是凝重的，他们认得墓碑上刻的就职演说节录——我们已经利用周五下午读过这篇讲稿。他们很快就认出不远处就是他的弟弟罗伯特·甘奈迪·李之墓，并重读他于金博士遭到谋杀的那天夜里在印第安纳波里发表的演说。当他们登上阿灵顿墓园大宅——李将军①在世时的长居之所，他们的心中充满敬意，不是因为害怕破坏规定而保持肃静，而是出于对这栋建筑的衷心敬仰。

周五行前准备的第二个小时是以"旅途生活"为中心。孩子们知道室友是谁，预先分配谁在早上淋浴，谁在晚上洗澡。他们看过旅馆图示，知道该把东西放在哪儿。五六名学生共住一间套房，每间套房有两张双人床，外加套房客厅的一张沙发床。

根据我的经验，想教孩子在饭店做出得宜的举止并不容易。餐厅比较简单，因为孩子们身旁坐的都是举止合宜的人；

---

①　美国南北战争期间带领南方联盟的作战统帅。

但是在饭店房间里的孩子，就比较不容易考虑到发出噪音可能会吵到其他人。

我鼓励孩子们以"道德发展六阶段"作为饭店礼仪指南。因此，霍伯特的小小莎士比亚们不在走廊上交谈，也很少在饭店房间里看电视（可以等回到洛杉矶的家再看）。房间用来阅读、写信和玩游戏（单词游戏是他们的最爱）。使用浴室时，孩子们只关门、不上锁，免得出来的时候不小心顺手关了上锁的门，害得整间寝室的人被锁在门外。浴室无人用时，门是开着的。我教孩子们在离开饭店当天，留下感谢的字条和小费给打扫人员。出于消防考虑，饭店房间的门在关上时会发出很大的声响。为了不干扰到其他房客，我们班的学生关门时都很温柔、小心。

踏上长途旅行前，第 56 号教室的孩子还要学会以下几件事情。

# 飞　机

1. 在登机柜台前，孩子们知道如何按照姓氏字母的顺序排队来寄运行李。
2. 他们知道如何在机上（包括座位上方的置物箱和前座下方的地板）放置随身物品。
3. 他们知道飞行时间有多长，并预先计划打发这段时间的方法，主要是阅读、玩填字游戏或和此行目的地有关的猜谜游戏。
4. 他们知道如何用有礼貌的态度向空中服务员点餐、点饮料。
5. 他们知道洗手间的位置和使用方式，包括如何正确锁门，以及如果里面有人，要站在哪里排队。

6. 他们知道怎么下飞机，而且一定会让前排的人先走。

## 饭店房间

1. 学生们知道如何使用电子钥匙。

2. 他们知道进房的第一件事，是回头看房门上紧急出口的方向指示。

3. 他们在出发前就分配好住房，并选出负责随身保管钥匙的两名学生。

4. 用过的毛巾要整齐折好，放在浴室地板上。

5. 待洗的衣物要放进塑料篮，或是用学生从家里带来的枕头套装起来，收到衣柜里。长途旅行时，学生们会自己洗衣服。为避免在洗衣机和烘干机前排队的情况，每天晚上只有一间房间的学生可以洗衣服。

6. 学生会随时视情况调节说话的音量。

7. 学生知道如何正确使用暖气或冷气设备。

8. 学生知道制冰盒在哪里。

9. 我们偶尔会使用客房服务。房间里的五六个学生知道先把要点的东西写下来，再由其中一个学生将所点的餐饮清楚地告知饭店人员。

10. 我们会在晚上集合，讨论第二天的行程。学生回房后会拨内线让我知道他们已经安全进房间了。他们知道怎么锁门。

最近，几个以前的学生和我说了一件令人捧腹大笑的事情。上了中学的他们，才刚从新学校的华盛顿特区之旅回来。

住饭店的时候，他们的老师说，晚上会在房门粘胶带，这么一来，要是他们偷溜出去的话，就会被老师发现。我带霍伯特的小小莎士比亚们外出旅行时，从来没发生过这种事。我信任我的学生，他们也信任我。他们不会在晚上离开房间，因为他们知道这么做可能会有危险。**如果你不相信你的孩子会做出应有的表现，就不该带他们去旅行。因为他们根本就还没准备好。**

**住哪里**

带一大群学生外出旅行时，我们通常会住在国宾饭店，因为客房既宽敞又干净，还附有一个客厅，很适合五六个学生同住一间。该连锁饭店最吸引我的，是他们供应的早餐。

早餐是最难提供给大群学生的一餐。国宾饭店提供大量的免费自助式早餐，你想得到的食物这里都有，包括鸡蛋、西式蛋饼、马铃薯、面包、松饼、法式吐司、烤薄饼、谷类食物、水果、果汁等，一应俱全。对大型团体来说，没有比这更合适的了。我要孩子们独立，不必一起用餐。每个人都可以在自己喜欢的时间下楼吃早餐。他们会自己拿取食物，坐下用餐。我在前一天晚上告知出发和开始一日活动的时间。我们通常在上午 8~9 点出发，学生们就根据这个时间计划早上什么时候该做什么事情。他们必须估算梳洗、穿衣、用餐、整理房间等事前准备的时间。我带学生外出旅行至今已有 20 年了，从来没有遇到学生睡过头或早晨出发时迟到的情况。

**过马路**

有一种电话是我永远都不想打的。不幸的是，每年都有学生在班级旅游中丧命。我认识的一些人就曾经打这样的电话给家长。我永远不会打这通电话。我知道自己对安全的注重似乎已经到达疯狂的程度，但我不在乎。我的学生都必须安全无虞才行。

我特意搜集学校意外的相关剪报，归档整理给学生看。有些报道讲述的是离奇的意外，例如被雷电击中或发生雪崩。遭遇这种事固然令人心痛，但不是任何人的错。在我的档案里，有许多儿童死亡的报道是发生在可以预防的情况下，其中多起意外又与马路有关。

我常看到学校学生排成一长列过马路，队伍的前端和末端各有一名大人。我剪报档中的多起意外，即起因于这种马路队形。大多数的情况是队伍中央的孩子被车撞到。第56号教室的学生过马路是排成两列的。首先，在我说"可以"之前，任何一个孩子都不准离开路旁的人行道。接着，我会走到马路上，把车辆全部挡下来，就算是在高峰时刻的费城大道正中央，也照样走过去挡下所有车辆。一直要等到附近所有车辆都停下来了，孩子们才会踏上马路。

最近我带学生们去华盛顿旅游。下午3点左右，我们从杰斐逊纪念馆走回林阴大道。我们一行大约30人，正朝史密森尼地铁站前进。该过马路时，有很多孩子走在我前面。交通灯变绿了，孩子们的双脚却没有离开人行道。他们知道不该那么做。他们在等我走到他们前面，到街上挡下车辆。就在孩子们等待的同时，一辆汽车呼啸而过，闯了对面的红灯，在距离我们不到15英尺处，一头撞上了正驶向十字路口的另一辆车。刺耳的刹车声和震耳欲聋的撞击声让孩子们吓了一大跳。他们慌了起来，立刻望向我。这不是游戏。要是孩子们在绿灯亮起时离开人行道，他们是照交通规则做了，但现在也可能命丧黄泉了。我信任我的学生。我不信任的是其他人。

## 照相

在此提供一个照相的小秘诀给各位。**规划一日行程时，请看着地图推测当时太阳的位置并据此安排活动**，这么一来，在户外照相时，太阳就会刚好在照相者的背后。以华盛顿特区为例，上午在林肯纪念堂照相比较理想，而在林阴大道另一头的国会山庄，最佳时段则在下午。这些照片会成为孩子们回忆中的一部分。如能事前稍加计划，那么，当孩子们和他们的家人在往后的日子翻阅这些照片时，脸上将绽放出更多微笑。

## 少即是多

计划学生旅行时，带团老师往往太强调行程计划，而忽视了学生本身。家长和老师希望学生尽可能多看、多参观景点、多吸取学习经验，结果反而搞得孩子们精疲力竭。有经验的老师都知道，**太满的行程只会让学生消化不了，无法学到更多**。孩子会累，就连最优秀、精力最充沛的学生也有各自的饱和点。**好的带团老师明白"少即是多"的道理。**

我带学生参观首都时，行程远比其他团体轻松许多。我一天通常安排两个行程。用过早餐以后，我们会在一座博物馆或纪念堂停留 90 分钟。还记得吗？我们在出发前几个月已经详细研究过每个景点了，因此，每项活动都印证了孩子们先前学过的知识，深具意义。上午活动结束后是一顿优质午餐。我要孩子们在提供各式健康选择的愉快环境中用餐，史密森尼博物馆的午餐区就是我最喜欢的地点之一。史密森尼国立自然历史博物馆和史密森尼国立美国历史博物馆的餐饮区都提供了沙拉、热汤、新鲜蔬果等优质食物。如搭乘地铁，不妨在联邦车站下车。该站为联邦政府雇员设置了占地广大的餐饮区，提供了包括希腊、泰国、墨西哥等多国食品，食物种类远胜过一般速食。

上述午餐相当昂贵，为此，建议孩子自备水壶，省下饮料钱。多数学生会把早餐的一份水果留到午餐时吃。虽然在博物馆用餐所费不菲，但这额外的花费是值得的。这么做让孩子们有机会学习做有益健康的选择，而不是随便向街角摊贩买份热狗充饥（这么做一定会胃痛，但我第一次带学生到华盛顿时就犯了这个错误）。一顿优质午餐将使学生充满活力，迎接下午的活动。

## 在旅途中改变生活

几年前，我带着孩子们从年度华盛顿之旅回到温暖的家。在旅程中，我每天都提醒自己好几次"少即是多"的道理。和过去相比，我们参观的纪念碑和博物馆比较少。或许我们学到的历史比较少，但是孩子们吃得比较好，心情舒畅，也睡得比较足。

回到学校的时候，刚好有一群老师到第 56 号教室来参观，并和孩子们共进午餐。当时班上有个很讨人喜欢、纤细、甜美的小女孩和那些老师聊了起来。他们问她："这趟华盛顿之旅，你最喜欢的是哪个部分？"

他们以为她的答案会是"林肯纪念堂"或"太空博物馆"之类的，没想到她不是这样回答的。从她的答案看来，我已经把优先顺序排对了。她说："我最喜欢的是雷夫把我照顾得很好。"

我爱当老师，老师有机会精益求精。她这句简单的评语告诉了我，我已经学会在旅行中把个人的教学发挥到极致了。有一年，我带以前的学生到纽约参观大学校园。在过程中，我把大部分的力气用在让同行的高中生"放轻松"上。即将面临入学申请的他们，压力已经够大了，此时最不需要的就是"5天12校区"式的行程。

我一路上尽量听他们说话，只有当他们主动询问时才提供建议。早年，带这么一趟行程总是让我精疲力竭，学生也很少感谢我。说真的，一趟旅行下来，他们或许并未得到应有的收获。但现在，孩子们会说我把他们照顾得很好。在最近一趟大学巡礼后，其中一位学生写信给我：


亲爱的雷夫：

我此刻的感激之情是笔墨无法形容的。谢谢你所做的每件事——每天开5小时的车，预约行程，知道自己在做什么，没有迷路，带我们参观好学校，给我们做棒球简报，带我们去洋基球场（Yankee Stadium），用疯狂的故事和笑话让我们开心，带我们到第五大道上的蒂芙尼名店（Tiffany & Co.），带我们到各观光景点，买大学纪念品送我们，带我们到绿野客栈（Tavern on the Green）和硬石餐厅吃晚餐，不曾让我们迟到过一次，订到最好的饭店房间，让我们安全无虞，给我们选择想做什么的自由，以及做我们永远的良师益友和典范。要是没有你，我绝对不会是现在的我，也不可能有过去的种种经验。我对你的这份感激之情永远不减。谢谢你协助我寻找适合的大学。参加过那么多场说明会以后，我觉得自己真的明白如何申请程序，应该和必须做到什么，也知道存在着很多会影响我的选择的因素，例如：地点、环境、大小，以及天气等。这趟令我眼界大开的旅程（以及同样深具启发性的同行伙伴们）使我对自己的了解更深刻。参观哥伦比亚大学真是一种享受，因为我发现他们的课程和校园完全符合我对理想大学的期望。现在，我因为即将上大学而兴奋不已！所有的恐惧都飞到九霄云外了！

在此同时，祝你父亲节快乐！虽然你不是我"真正的"父亲，但我希望你知道，你一直在我的生命中扮演着父亲般的角色，你为我做的事情，甚至是我父亲做不到的。对于种种的一切，我由衷地感谢你。你给我有用的资讯，带我认识这个世界，让我有机会展现自己，给我以慈爱。我因为你的影响力而成为今天的我。谢谢你无论身在何处都想着我，用简单的一张明信片让我知道你不曾忘记我。我每天都朝着成为更好的人而前进、努力着，因为一路上有你陪伴。

此致

敬礼

　　　　　　　　　　　　学生　乔安娜


《绿野仙踪》的桃乐丝说得没错，没有任何一个地方比得上温暖的家。但是，从错误中吸取教训后，我发现旅途中的生活，其实也挺不错的。

# 第十五章
## 不过是摇滚乐而已（但是我喜欢）

第 56 号教室玩摇滚乐。人们常写信给我，误将我们和电影《摇滚教室》(*School of Rock*) 中爆笑的杰克·布莱克（Jack Black）和他带的孩子们相比。那部电影很可爱，不过霍伯特的小小莎士比亚们对于所有课业都认真对待。我们致力于追求卓越——做什么要像什么。第 56 号教室玩摇滚乐，但是本班学生在阅读、写作，以及算数上也都有超乎预期的表现。

我们并不是一直在玩摇滚乐。实际上，一开始我们根本就不玩音乐，只是和其他班一样偶尔在早读时唱首歌罢了。随着时间一年又一年地过去，本教室的课程也随之改进，逐步演变成今天的规模。从马帝·华特斯（Muddy Waters）到电台司令合唱团（Radiohead），我的学生现在几乎什么曲子都能演奏。更重要的是，他们了解自己所演奏的音乐。在第 56 号教室，我们看谱的态度，就像读书一样认真。

### 开始学音乐

我给全班学生学习看谱的机会。开学后几个礼拜，我们便开始在休息和午餐时学习看谱。我们选择采用吉他，但这只是方法之一，我有几个朋友是用八孔直笛，因为直笛比较便宜，占用空间少。我们班用吉他的惟一理由是我只会弹这种乐器。

我访问过不教学生看谱的音乐教室。他们"学"乐器，却从不了解自己在做什么，很多人甚至不知道怎么帮乐器调音。我反对这种教法。虽然组摇滚乐团的行为很疯狂，但一定有方法可循。我要学生成为终身的音乐演奏者，而不是为了在学校盛会上表演而受训的海豹。在第 56 号教室，学生通过音阶演奏学会看谱。不久后，他们就进步到可以演奏简单古典乐曲的程度了。

某个来自著名音乐课的学校老师曾经来拜访我。他看着我们排演了几支将在当年莎翁剧表演的配乐。他喜欢学生们演奏的曲子，不过他有几个问题：

老师：这么说来，你们会在《温莎的风流妇人》（The Merry Wives of Windsor）中演奏这些曲目啰？

雷夫：是啊，很棒，不是吗？

老师：我喜欢，只是不太明白……你们明年也会演同一出戏吗？

雷夫：我想明年应该会演《亨利四世》吧。

老师：我不懂。这种音乐怎么当《亨利四世》的配乐？

雷夫：是不配。我们会挑新的曲子。

老师：你办得到？

雷夫：当然可以啊！为什么不行呢？

老师：在我们学校，我们每年都演奏一样的曲子。

他们当然非这么做不可，因为他们学校的孩子不会看谱，所以只教一首简单的曲子。升上高年级时，那些孩子虽然还留在"管弦乐团"，却不具备学习新曲子的技巧，而老师们只忙着为新学生示范前一年演奏过的曲目。由于欠缺继续学习的知识，重回乐团的学生无法靠自己的能力进步。请想象一下如果用这种方式教导阅读是怎样的情形。要让孩子一本接着一本读下去，就必须让孩子了解阅读的基本要素。音乐也是如此。

任何出售乐谱的商店和网站都有简单古典乐曲的书籍，其中又以改编成吉他演奏版本的巴赫（J. S. Bach）的作品效果最好。当孩子们能演奏一些简单旋律时即可分组，让各组尝试专为二重奏、三重奏、四重奏编写的乐曲。孩子们通常不听古典乐，不过一旦开始演奏古典音乐就会上瘾，就连我们班上最忠实的摇滚迷和嘻哈迷都很爱演奏古典乐。维瓦尔第（Vivaldi）是他们的最爱。

## 吉他长在树上吗

如果想教孩子们弹吉他，要做的事情很多。首先，如果你带的是一群贫困的孩子，那你要想怎么弄到吉他。我的办法是先和社区小乐器行的老板交朋友。他们愿意把便宜的二手吉他卖给我，通常售价是一把 50 ~ 100 美元。如果学生和家长想买自己的吉他，他们会去找那些乐器行老板，说是"雷夫介绍的"，就能得到比较好的价钱。早期的学生多半共享一把吉他。现在，尽管大约有 40 个学生在休息时间跟我学弹吉他，我手边仍有好几把吉他是闲置不用的。

买吉他的时候，学生常问我是买尼龙弦的还是钢弦的。我的答案视他们的目标而定。如果学生买吉他是为了弹奏古典乐，那绝对要选尼龙弦；若想演奏流行乐曲，那么钢弦会比较好。

坊间会卖便宜的电吉他，但这么做和我的风格不合。我们平常用木吉他练习，演出的时候才拿出"重装备"。Fender Stratocaster 可说是用途最广的电吉他了，而经典的 Rickenbacker 也是第 56 号教室的最爱——它会发出钟鼓般的声音，用来演奏披头士（the Beatles）、伯兹合唱团（the Byrds）、汤姆·佩蒂（Tom Petty）、约翰·佛格堤（John Fogerty）的曲目再合适不过了。只要有热烈欢迎的掌声，任何民谣吉他插上电以后听起来都很棒！我们班最好笑的一幕，大概是 10 岁的孩子拿着比自己的身体还要大的 Fender Jazz Bass 吉他吧。但是当观众听见孩子们的演奏，他们就停止大笑了。

## 莺声相应

各位可能不相信，我的歌唱能力甚至比我的美术能力还要糟。我有时会跟孩子们开玩笑说，如果我开口和他们一起唱歌，那么，他们冲出教室的速度，可能不会输给逃离埃及的以色列人。尽管有这个可悲的事实，许多学生照样把歌唱得很好。他们是怎么办到的？

多年来，我发现许多学生的耳朵根本还没开发。听音符的能力是可以通过练习来改善的，我的个人经验即可印证。我小时候要是没有钢琴或调音辅助器材，就调不了吉他的音，但近年来我已经可以靠自己的听力帮吉他调音了，因为数百

185

次的调音经验已经把音调深深印刻在我这欠缺音乐细胞的大脑里。

孩子们想唱某一首歌的时候，我会先帮他们把歌曲转录在 CD 上，让他们可以在家跟着唱，节省宝贵的课堂时间。学会旋律和歌词之后，我们会选择一个音调。摇滚乐曲的音调多半不适合小孩子。我通常会把吉他拿出来，从歌曲原来的音调开始用简单的和弦弹奏歌曲。孩子们会大笑起来，因为原唱者的音调对他们来说太低了。没有什么比听 10 岁小女孩试图用 25 岁男子的音调唱歌更好笑的了。我利用移调夹换了几个音调，直到找到适合孩子们的音域为止。

有些学生爱唱合声，这是一种天赋。有些学生却是怎么练习也唱不出来，而我班上每年总有几个学生可以凭着直觉唱合声。把一首歌分成主旋律，再加上一部或二部合声的做法，可以让更多学生参与，还可以让他们觉得自己是不可或缺的。在人人都唱主旋律的时候，很多孩子会想，其实我唱不唱都无所谓；有 15 个人在唱这首歌，谁会注意到我是不是真的在唱？合声演唱的方式将增进孩子们对音乐的认识、提高他们的倾听和歌唱技巧，让他们觉得自己对歌曲做出了更大的贡献。

第 56 号教室有一块附有 4 支麦克风的音效板。学生会花时间尝试不同的歌唱组合。凡是想唱的人，都有机会站上舞台。他们发现 4 个学生一起唱主旋律可能不足以使一首歌听起来很特别，于是试验了各种歌唱组合，找出最棒的声音搭档、最棒的摇滚和流行乐团体。从"海滩男孩"、"诱惑合唱团"、"超脱合唱团"到"年轻岁月合唱团"，都有自己创造独特音效的一套方法。试验的过程对孩子们来说是很兴奋的。偶尔，当演唱者尝试了新的东西，让每个人都尖叫着说"就是这个"的时候，就表示我们又有了一个"音乐新发现"。在这个永无止境的过程中，孩子们不停地试验、学习，乐在其中。

关于改变音调一事，我要给各位一个忠告：我们可以用移调夹改变吉他的音调，也可以利用按键来改变电子键盘的音调，然而这些省力的方法却剥夺了学生用不同音调演奏的机会。一旦选定演唱歌曲的音调，我们会反复练习。这么做有时是困难的，但能让孩子在音乐上有更多进步，这才是教学的目的。

## ~~~ 配乐和网络的危险 ~~~

我爱网络，因为它彻底改变了我们的生活，往往让我们的生活变得更好。还记得早年教书的时候，在 20 世纪 80 年代，如果我想教孩子们一首瓦特·惠特曼（Walt Whitman）的诗，得上图书馆找书影印；教到元素周期表的时候，就得在星期六上午去一趟教师用品店购买要贴在布告栏上的周期表。那些日子因为网络而消逝了——现在只要在键盘上输入几个字，什么都找得到。

然而，这不见得一定是件好事。早年带第 56 号教室的摇滚乐团时，我误以为自己在网络上找到了好工具。网络上有好几百个网站都提供免费的"图式乐谱"①——一套简化的系统，有助于吉他初学者弹奏他们最喜欢的摇滚和流行乐曲主

---

① 以演奏者手指位置为依据的一种谱法。

旋律。问题是，网络上的图式乐谱常常错误百出。通常貌似原曲，但有点荒腔走板及过度简化。此外，网络上的东西也有剪辑拼贴或疏忽出错之嫌。任何人都可以把自己的想法写下来，畅谈人生，却不用为此负责。

**慎选资料来源是很重要的。**我的乐谱就是从一位在乐器行教吉他的专业音乐人那里取得的，你也可以如法炮制。如果你热爱音乐却没有这方面的才能，可以找人帮你。乐器行通常都会雇用专业的音乐老师，我就是通过这样的渠道认识阿丹的。这位杰出的音乐人帮我们写谱，在他和电脑的协助下，我们班的学生并不是听起来像"年轻岁月合唱团"，而是无论从哪个角度来看，他们就是"年轻岁月合唱团"。我虽然没有阿丹的音乐天分，但是至少也花了数百个小时帮助孩子们爱上音乐，我想我大概做对了吧。

我们全班都照着完整的乐谱练习。有了正确无误的乐谱，孩子们才能学着像专业人士那样演奏。有了阅读古典乐谱能力的基础，他们学习流行乐曲的速度快得惊人。能演奏整首维瓦尔第 D 大调协奏曲的 3 个乐章（我们班的孩子就办得到）的孩子，就能演奏 U2 的乐曲，而且只要短短几天的时间。

## 键盘和鼓

每当想起早年我带摇滚乐团时那些设备的可怜样子，我就不禁大笑。当时用的鼓，不过是一两块电子软垫，只能跟着音乐轻轻拍出节奏；键盘则是一台二手卡西欧，任谁都听得出它有点老旧了。

"一分钱，一分货"，这句话确实不假。多年来，我花了一笔又一笔的巨款购买高品质设备。孩子们的演奏之所以能给人专业的感觉，其中一个原因就是他们用的设备和录音室里的是一样的。

我会弹一点吉他，但是弹得很差，对于键盘和鼓更是不在行。于是我再次向乐器行求助。我派了几个学生去学基本的打鼓方法，付钱让他们上课，为全班培训打击乐器培养"种子教练"，再由他们去教下一代的霍伯特小小莎士比亚。我在钢琴方面也采取类似的策略。当我得知班上有几个学生学过钢琴，便设立了一套制度，请他们教其他学生弹琴。

我也为班上一些学生买了电子鼓。这么一来，鼓手就可以通过头戴耳机听见自己的作品，在家练习时不至于把爸妈和邻居吵到发疯。电子鼓很贵，但如果你想让班上出现好鼓手，就得让孩子们在校外练习。我们有一套专为莎剧演出所采购的、品质绝佳的好鼓，然而孩子们是靠在家练习才得以进步的。每周六，以前打鼓的学生会到初学者家中教他们打鼓。我鼓励班上的音乐人留心甘道夫明智的忠告："你要做的，就是决定在你所拥有的时间内做什么事情。"第 56 号教室的孩子们闲暇时常做的事情就是练习乐器。

这就像滚雪球一样，学生演奏得越好，就越容易招募新成员。现在就有很多三年级学生来找我，表示他们也想学打鼓，请我们班上的学生教他们。**我只有两个要求：一、学习态度要认真；二、必须另外学一样乐器。我要的不只是鼓手，而是音乐人。**我们班现在的鼓手——也是我这些年来见过最强的鼓手——也很擅长吉他和长号。难怪他演奏时如此投入。

~~~·~~~ **演唱会上** ~~~·~~~

玩乐团是很有意思的事情。对于许多学生来说，和朋友一起演奏音乐的经验足以让他们充满干劲。然而，我应该怎么说呢？就像数百万个不切实际，为了讨好异性而搞摇滚乐团的年轻人一样，我的学生当中也不乏为了能在观众面前表演而玩音乐的人。

例如，学校会在集会或其他场合中用音乐来加强当天的主题。在金博士纪念日当天，校方通常会用一些演出节目或喜剧来纪念他，可能会请一个孩子朗诵"我有一个梦想"的演说；或是让某个班级高举着板子，上面写着马丁·路德·金博士的名字，并引述"M 代表 Martin，他帮助了很多人"之类的话语。这些活动都不错，但如果可以看到一个班级演奏 U2 为纪念金博士所写的歌曲《生命的骄傲》（Pride）就更棒了，也更能吸引表演者和观众。无论活动要纪念的是独立纪念日、阵亡将士纪念日、多元文化日，还是其他节日，音乐总能让气氛更热烈、更浓烈。

在此附带一提：若你计划在校园外的场合演奏乐曲，要尽可能多了解表演地点，才不会重演我闹的笑话。多年前，我们班的乐团才成立不久，就受邀为某大型教师聚会演唱。我们把乐器和设备准备好，就朝着我写在一张纸片上的地址出发。我们练了一首以曼陀林①为特色的歌曲，兴致勃勃地打算在这个场合表演。我为此还去上了几堂课，而班上的一个学

---

① 一种拨弦乐器。

生苏西也练习得相当好。车子抵达目的地时，孩子们都静了下来。我们走进去，尽力演出，老师们也喜欢我们的表演。但是，在回去的路上，苏西对我说，我们这样做可能会下地狱哦！她说的可能没错，教堂还真的不是个适合演唱 REM 合唱团名曲《失去信仰》（Losing My Religion）的地方！

## 摇滚之囚

一旦开始玩摇滚乐，就等于踏上了不归路。我不抽烟喝酒，也从没嗑过药，但我对摇滚上了瘾，而且丝毫没有复原的迹象。当一首好听的新歌或是以往的经典歌曲传进我的耳朵里时，我没办法只是专心享受音乐，而是随时想着学生演奏这首歌的可能性：它的旋律够不够好？学生会不会在排演过程中感到厌倦？就音乐本质而言，它有趣吗？这首歌是否能提升学生的音乐功力？我脑中也随时想着歌曲是否有更大的用处，是否适合该年度的莎剧演出这类大型表演。

就连妻子也会在一天凌晨 3 点 15 分突然紧抓着我，迫不及待地说："雷夫，埃里克·克莱普顿（Eric Clapton）的《泪洒天堂》（Tears in Heaven），你可以用这首歌来当《冬天的故事》（The Winter's Tale）丧礼那一幕的配乐！"老天，这举动可把我吓个半死！跟她的疯狂比起来，我有过之而无不及。某天晚上，我也因为想到一首适合当成《哈姆雷特》开场独白的歌曲——滚石合唱团的《涂黑》（Paint It Black）而把她从睡梦中叫醒。隽永的歌曲那么多，和班上学生一起摇滚的时间却不够，孩子们和我从没厌倦过。第 56 号教室的孩子会练到指头流血，声音沙哑。当我想到现今孩子们所承受的巨大压力，再加上近似《蝇王》般的学校环境，我真的很庆幸自己找到了可以让学生们乐于学习，同时释放压力的媒介。

用一辈子的时间和一群小学生玩摇滚乐，究竟有多疯狂？不只疯狂，还永无止境！最近，我们班尝试了剧场的终极挑战：演出《哈姆雷特》。学生们好像嫌花一整年时间研读和排演《哈姆雷特》不够累人似的，又加了 14 首摇滚乐曲当配乐，而且都是些困难的曲目，例如：艾尔顿·约翰（Elton John）的《一个朋友的葬礼》（Funeral For a Friend）。他们以完美的和声唱出保罗·西蒙（Paul Simon）的《寂静之声》（The Sound of Silence）、毫无瑕疵地诠释了电台司令合唱团的《偏执机器人》（Paranoid Android），并以史诗般的悲壮演唱披头士的《当我的吉他轻柔地哭泣》（While My Guitar Gently Weeps）作为演出的结尾（搭配上埃里克·克莱普顿炽热快速又令人难忘的吉他演奏）。

做了这么多，总该休息了吧？错！演出一个月之后，我以前的学生乔安请我去吃晚餐。她特地从西北大学飞来看我们最后一场演出。当我们走到她小时候不知路过多少次的停车场时，天色已暗，我们俩正开怀大笑地聊着。因为时间不够，就去了学校附近的一家餐厅简单用餐。我们一就座，侍者还没送上开水，我们还在喘气，回想孩子们杰出成就所带给我们的满足感，尚未开口评论最后一场《哈姆雷特》的演出之前，乔安和我不约而同地问对方："那明年的《驯悍记》（Taming of the Shrew）要用什么曲子？"

我们大笑不止，笑到流泪。我们上瘾的程度已经近乎疯狂。餐厅里的人盯着我们看，好像我们是疯子。没错，我们不但疯狂，而且以此为荣。正如佩特·汤森德（Pete Townshend）所说："摇滚乐可能解决不了你的问题，但是有了它，你可以踩着舞步度过重重难关。"

# 第十六章

## 知道吗？今天是圣诞节

"那就 24 号见啦。"这句话是从初中、高中或大学回到学校来看我的学生对我说的标准道别语。在第 56 号教室，这句美妙的话语总结了我想教给学生的一切，它和第 56 号教室想让世界更美好的一项年度传统有关。**使孩子成为模范人物的最佳办法，就是让他们参与帮助他人的各项活动。**

提供社区服务计划给学生选择的学校很多，这是件好事，可惜多数的学校都视社区服务为一项"作业"。学生在捡拾垃圾或清除墙上的涂鸦后可以领到一张附有签名的表格，当作完成作业的证明。这当然好过什么忙都没有帮。但是第 56 号教室的做法稍有不同，**我要学生达到道德发展第六阶段——我们帮助人，因为这么做是对的。**

每年的 12 月 24 日，霍伯特的小小莎士比亚们都会尽一己之力，为 500 名无家可归的人提供饮食、衣物和余兴节目。本班的"喂饱世界计划"教孩子们去看自己生活以外的世界，他们当中许多人也因此受到启发，自发地做起了社区服务。我不太愿意介绍这项计划，因为谈论善行是违反本班精神的。我经常在报纸上读到校方大肆宣扬社区服务的报道。依我之见，他们错失了一个让学生学习"低调的谦逊"的机会，而这种特质正是第 56 号教室的一部分。在此，容我和各位分享一个想法，希望其他老师和家长能将这个想法落实在学校或家里，或将它纳入目前进行中的服务里。

## ᜠᜠᜠᜠ 一通电话 ᜠᜠᜠᜠ

大约 20 年前，我接到咪咪·亚当斯这个让人感觉十分亲切的女子的电话。她在"信念"这个组织里工作，帮助游民是他们众多服务中的一环。他们在教堂的地下室为该区游民提供圣诞午餐。咪咪听说我带了一群好孩子，想知道他们是否愿意在午餐时间到那里唱几首歌。我们接受了这项邀请。

几天后，大约有 5 名学生跟我一起去教堂。我带了一把吉他，帮孩子们伴奏了三四首圣诞歌曲。曲罢，孩子准备走下舞台，观众却请他们再多唱几首。孩子们说，他们只会唱这几首歌，于是观众请他们再唱一次。他们照做了。我猜，大概是孩子歌声中的某种特质让听者暂时忘却了心中的烦恼吧！

孩子的反应和他们在行动上的改变让我感到惊奇。挤满游民的教堂地下室是个令人却步的地方。对这几个学生来说，这是他们第一次花时间和一群平日避之惟恐不及的人相处。他们目睹了贫穷、毒品、酗酒，以及精神疾病对人的影响，而一些拥有好口才、富有爱心、风趣好笑的游民也让他们惊喜连连。此次经验为游民议题增添了人性的面貌。

返家的途中，挤在小车里的孩子们开始聊了起来，说明年圣诞节还要再来。不久，他们就拟出了计划，打算明年带更多同学一起来表演更多节目。

## ᜠᜠᜠᜠ 四月的圣诞颂歌 ᜠᜠᜠᜠ

最近，我们班的学生整年都在排演圣诞歌曲，而演唱的曲目也增加到 50 首，有《平安夜》（Silent Night）等经典作品，也有"奇想乐队"（The Kinks）的《圣诞老人》（Father Christmas）和约翰·列侬与小野洋子（Yoko Ono）夫妇合写的《圣诞快乐（战争结束了）》（Happy Christmas）等当代流行歌曲。其中，他们最爱的一首歌是《他们知道今天是圣诞节吗？》（Do They Know It's Christmas?）——1984 年 Band Aid 的歌曲，全球观众在 1985 年的"拯救生命"（Live Aid）大型摇滚乐演唱会转播中听到了这首歌曲。为了这个表演每个学生都拿到了一本歌本，里面附有所有曲目的歌词和原曲的复本。

孩子们要在一年内学会这些歌曲。我们每周会花大约 30 分钟练习。因为他们都听过 CD，所以练习进行得很顺利，只需要安排合声和主旋律由谁演唱即可。学校访客走过我们教室时，听见我们在 4 月唱《铃儿响丁当》（Jingle Bell Rock），都露出了疑惑的表情，十分有趣。

这些歌曲和"喂饱世界计划"一样，也给了学生们一个继续发展音乐能力的机会。一开始只有少数几个学生在我不怎么样的伴奏下演唱，后来班上的乐团也开始学习用吉他、键盘、长笛、小提琴和大提琴演奏各式圣诞歌曲。这群优秀的音乐人又多了一个改进技巧的途径。

在 12 月 24 日前几天，就有游民开始问教堂的工作人员："那些孩子今年会不会再来表演？"这群无家可归的人告诉我，孩子们温暖的歌声和美丽的微笑对他们的意义远大于那些食物。关于这个表演我们遇到的问题是，每年上台表演的孩子都会增加 30 人，可是教堂的舞台太小。我不想让以前的学生因为不能参与而被迫打退堂鼓，于是，我们决定让七年级以上的学生帮忙供应食物。

## ～～～•～～～ 事前准备 ～～～•～～～

在 12 月 23 日当天，帮忙提供食物的学生会前往教堂布置会场。他们只花了几个小时就排好了桌椅，并完成整个会场的布置，使原本了无生气的场地摇身一变，成为充满节日气氛的舞会大厅。孩子们在第 56 号教室学到的技巧都派上了用场：他们做起事来有条不紊，能独立作业，态度积极主动，并且合作无间。孩子们分工合作，不曾为谁该做什么而起争执。某特许学校校长有意让学生进行类似的活动，所以曾经到会场来参观。他们学校的学生在测验中表现优异，也获得过媒体的报道。但是，当他看到数十名十几岁的学生，独立且完美无瑕地把可供 500 人参与的会场布置好时，却摇了摇头。"这种事情我的学生就做不来，"他说："他们还没到这个水平。我希望他们能做到。"**我们的"喂饱世界计划"一年可能只执行一次，但是学生们和我"每天"都在努力使计划得以落实。**

## ～～～•～～～ 衣物和生活用品 ～～～•～～～

在这一年里，孩子们将额外的衣物和生活用品保留下来。有些家长也会帮忙搜集和购买袜子、肥皂、牙刷、牙膏、洗发水等生活用品。做这些事情花不了太多时间，学生们只是把这些东西收好，或是在采购自己要用的东西时顺便多买一点。到了 12 月 23 日，我们就累积了大量的衣物和生活用品。学生会将这些物品整理好，放在教堂的两个房间里——男、女各一间。他们会搭起架子，依照尺寸将衣物分类。当游民在圣诞节前一天来到教堂时，就有两间放满了衣物和生活用品的房间等着他们了。

## ～～～～～以前的学生也来帮忙 ～～～～～

12 月 24 日当天大约会有 100 个学生前来帮忙。五、六年级主要负责唱歌和乐器演奏的表演，中学生则在现场提供服务。因为小学生年纪还太小，没有能力为穷困孤单的人们提供餐饮服务。说实在的，大多数游民都很好，但偶尔还是会有暴力行为出现。发生这种情况时，大人一定会介入处理。不过，让年纪最小的学生安全待在舞台上会让我比较安心。在遇到这种情况时，中学生也知道该如何抽身。

每 8 个游民坐一桌，每桌由 2 名学生负责上菜，他们整天穿梭于厨房和会场之间，确保每个人都得到他们想要的。在台上唱歌的孩子看到学长、学姐在台下忙碌的模样，暗自希望自己也能那样服务别人。他们总是对我说，现在就想和学长、学姐一样帮忙上菜。

从高中和大学回来帮忙的学生在物资室，分发衣物和生活用品。这件事难度很高。有个名叫鲁迪的学生就曾万分沮丧地来找我。因为有个游民想要一件夹克，于是鲁迪带他去架子上看，那里至少有 50 件质量不错的夹克。对方却说："这些都不适合我的风格。我要绿色的。"鲁迪很想对这位男士说："喂，我们就只有这些，我又没有仓库可以帮你查货、找货！"对于这种事我们会一笑置之，但是**这些令人沮丧的小事对于年轻人来说是一剂良药，有助于帮助他们了解现实。服务游民的过程强化了孩子们的同情心，加深了他们对弱者**

的认识，也改变了他们的姿态、礼仪，以及对真实世界的了解。赞助社区服务计划的家长和老师在帮助世界的同时，也让自己的家庭和教室得到益处，使孩子变得更好相处。

## 〰〰〰更高，更远〰〰〰

我要强调一点："喂饱世界计划"是为满足本班学生的愿望而产生的。如果你问我待孩子以尊敬、鼓励他们为自己生活负责的做法对他们有何影响，这个绝佳的例子已经说明了一切。他们越来越了解身旁的世界，而这正是现今年轻人普遍欠缺的。在长大后投入各行各业的他们，都将以行动持续回报社会。

以前的学生有的当了律师，为穷人提供免费的专业服务；有的成为建筑师，拨出时间帮助设计社区中心或国际仁人家园的住宅；还有一个学生在大学时代休学了一年，飞去蒙古为贫穷儿童工作；有个学生每星期花两个晚上的时间接听热线电话，为遭遇麻烦的青少年提供咨询服务；还有一个已经拿到麻省理工学院都市计划硕士学位的学生，正不断地协助卡特里娜飓风的灾民。这些学生不是泰瑞莎修女，他们只是对这个世界抱有一份关心，花了一些时间让它更美好而已。

我以我的学生为荣，理由很多。他们获得入学许可时，我会和他们一起庆祝，也爱在四年后参加他们的毕业典礼，在这光荣的一天合影留念。不过，话又说回来，**我最骄傲的是他们"为人民服务"的精神**。我最喜欢的一张照片是我以前教过的两个学生艾美和珍妮寄给我的，当时她们在印度为国际仁人家园工作。她们站在泰姬陵前微笑着，手里拿着一张牌子，上面写着："雷夫，我们很想你。"我只要看到这张照片就会开心得不得了。每当以前教过的学生临别时刻对我说"那就 24 号见"的时候，我都会有相同的感觉。

# 第十七章
## 意志力

第 56 号教室的学生之所以被称为"霍伯特的小小莎士比亚们"是有原因的。每年,本班学生除了进行各项计划和学习,还会制作、演出一出完整的莎剧。为此,孩子们要付出前所未有的努力,而身为教师的我也必须牺牲数千小时的个人时间。旁观者纷纷质疑起我的精神状态,自愿带我去接受治疗,就连肯定这项计划、寄予祝福的人也不例外。他们或许是对的。不过,我能确定的是:我找不到其他计划能把所有想教给孩子们的事情全部教给他们。

今天,霍伯特的小小莎士比亚们已经举世闻名了,还有人漂洋过海来看我们的演出。伊恩·麦凯恩爵士一直是这项演出幕后的引导力量,而包括哈尔·胡尔伯克(Hal Holbrook)、米高·约克、彼得·霍尔(Peter Hall)爵士在内的剧场巨擘们,也给了孩子们诸多启发。台下的观众往往不敢相信他们所看到的,看着眼前这些十岁大的孩子将莎剧完美地呈现在舞台上,他们不禁要问:"这一切是怎么发生的?"就让我向各位介绍这些小小莎士比亚们在筹备莎剧期间所过的生活吧!

~~~~•~~~~ **目标** ~~~~•~~~~

在做任何事之前,我会先向孩子们说明我希望他们从中

201

学到什么。他们不是莎剧演员，而我对戏剧导演一无所知——要是你不信，就来看彩排，你会见识到何谓"盲人骑瞎马"！我们的目的是学习语言的力量和团队合作的乐趣。在这一年当中，孩子将克服挑战、解决问题、尝试冒险。他们会学习大量高难度的乐曲，以及为了能有精彩的演出而认真练习。他们会学习舞蹈和说故事。他们将探索剧中的各个主题，并将它们应用在自己的人生当中。他们将分析、研究、拆解、建构一出戏剧，而他们看待自我和世界的观点，也将自此改变。

他们这么做不是为了博得他人的好评。学年最后的实际演出很有意思，接受观众起立鼓掌的感觉真不错；但付出的努力才是真正的奖赏。再多掌声也比不上孩子们所经历的探索，以及为了使每一个演出不同凡响所付出的努力。过程就是一切。

## 选戏

多数学生只知道少数几出莎士比亚戏剧。他们可能读过《哈姆雷特》、《凯撒大帝》（*Julius Caesar*）、《罗密欧与朱丽叶》（*Romeo and Juliet*）、《仲夏夜之梦》（*A Midsummer Night's Dream*）或《麦克白》（*Macbeth*）。这些戏剧都很伟大，非常值得研读或演出。不过，我希望我们班的学生选择比较少人走过的道路，而这也就是小小莎士比亚们会将《亨利四世》、《第十二夜》（*Twelfth Night*）、《一报还一报》、《空爱一场》（*Love's Labour's lost*）、《错中错》（*The Comedy of Errors*）、《李尔王》（*King Lear*）、《无事生非》（*Much Ado About Nothing*）、《冬天的故事》、《暴风雨》、《亨利五世》（*Henry V*）等剧搬

上舞台的原因。对孩子们而言，这些戏剧的主题都具有丰富
而深刻的关联性。

从未看过本班演出的讥讽人士有时会怀疑，孩子们是否
真的了解他们所说的台词或其背后的意义。他们完全错了。
莎剧各角色的魅力，例如《暴风雨》中的魔法师 Prospero 原谅
敌人的决心，《亨利四世》中的哈尔王子为了在一个无耻的世
界中寻找荣誉所做的奋斗，亨利五世因为父亲的罪过而饱受
痛苦等情节都深具魅力，吸引孩子们全心投入。伊恩·麦凯
恩爵士是这么评论的："霍伯特的小小莎士比亚们最大的优点
是，他们知道自己在说什么，这可不是每个莎剧演员都做得
到这一点。"我想，伊恩·麦凯恩爵士应该很清楚他自己在说
什么！

我在实际演出的一两年前选定剧本，以便预留大量时间
仔细研究剧本和规划彩排。这是个庞大的工程，没有时间
"慢慢摸索"。因此，如果我想带领学生飞得更高更远，就一
定要做好充分的准备。

## ～～～·～～～ 启动 ～～～·～～～

霍伯特的小小莎士比亚们在放学后齐聚一堂，进行排练。
这么做是出于两个理由。第一，自愿参与活动的方式排除了
不愿意像其他人一样勤勉努力的学生。这项活动不是给欠缺
兴趣的学生参加的，因为制作过程将耗费他们一年的时间，
也意味着他们必须放弃电视、电玩，以及流行文化。这件事是
很严肃的。第二，让其他班级的学生也能前来同乐。我们不是
一个排外的社团，凡是愿意拿出良好态度、认真付出的学生

都可以参加。

描述莎剧的好书很多。小时候，我母亲会念由查尔斯·蓝姆和玛莉·蓝姆（Mary Lamb）写的莎剧故事书给我听。我还记得在上幼儿园以前就已经知道《暴风雨》的故事内容了。我发现，近来我最喜欢的摘要是马切特·楚特（Marchette Chute）的《莎剧故事》。该书不同于蓝姆作品之处在于它涵盖了莎翁"所有"的戏剧，书写风格既简单又直接。

我把书中的摘要复印给学生，在课堂上带着他们阅读。在第一次聚会后，学生会了解该年度将演出的故事与剧中的角色。他们同时也了解这出戏的主题，也知道未来一年大家共同努力的目标。散会后，他们怀着热切的期盼，迫不及待要开始研读剧本。问题是：我们不"读"莎士比亚。

## 用心倾听，诚恳评判
## 我们的演出吧

莎士比亚不是一个好的读物！莎翁的剧作根本不是拿来"读"的。在 1968 年电影版的《罗密欧与朱丽叶》中饰演提伯特①一角的米高·约克曾这么提醒我的学生：在莎翁那个年代，人们不会说他们要去看戏，而是说他们去听戏。这位吟游诗人②的剧作读起来可能令人不解又乏味，但没有任何东西比这些神奇的文字听起来更悦耳动人。派崔克·史都华（Patrick

---

① 朱丽叶的表哥。
② 威廉·莎士比亚是英国最伟大的作家，素有艾芬河（Avon River）的吟游诗人或艾芳河畔的诗人之称。

Stewart）到访时对孩子们述说了自己的童年。他说他小时候会听收音机里的莎剧演出，虽然有很多听不懂的地方，但因为台词听起来太美了，他觉得就算听不懂也无所谓！他还对孩子们说，虽然他在电视和电影方面大放异彩，然而一生中最令他兴奋的日子依然是皇家莎士比亚剧团接受他成为成员的那一天。

就像米高·约克和派崔克·史都华一样，霍伯特·莎士比亚剧团也用听的方式学习莎剧。阿克安琪（Arkangel）公司有每一出莎剧的 CD，可以单买或买完整的套装作品。这些 CD 对学生来说是无价之宝。聆听专业演员说台词的方式能使他们对剧作有更深刻的理解。

就像所有播放录音的课程一样，我会在特定的段落暂停，以便说明。一开始，我会先跳过一些表达方式，让学生们在多听几遍后，自然而然地理解一场戏当中的每一句台词。孩子们一旦明白字词的意义，学起台词的速度是很惊人的，和一从收音机听到流行歌曲就能朗朗上口的情况一样。

## 哪个版本的剧本

出版莎士比亚作品的公司很多，令人眼花缭乱。我猜，每个老师都有自己的偏好。我们班用的是 Folger 的版本，效果很好。这个版本不但价格公道，而且在每一场戏的开头都附有摘要，提醒学生即将发生的剧情。该版本随页附有详细注解，方便学生了解像谜一般的文字，不需要翻到剧本的最后几页来回对照。

有些新的莎剧版本把剧本内容印在左页，转换为现在口语习惯的翻译印在右页。我能理解部分教师被它吸引的原因——这种编排方式让入门者很容易上手。不过我担心因为太容易上手了，学生说不定根本就不读莎士比亚的原文。我们的目标之一是，从原文里挖出埋藏的宝石。我们不走捷径。**我要学生经历一些困难，克服语言障碍，试着发现莎翁字里行间的种种力量。研究原文的做法也提高了学生们开始念台词时就能迅速掌握莎剧律动的可能性。**

## ～～～•～～电影帮助大～～•～～～

英国国家广播公司在 20 世纪 80 年代将莎翁的剧作全都拍成了电影，而且大部分都有好几个版本。当然，有些电影改编得不错，有些则差强人意。无论电影好坏，根据我的经验，只要在读完一场戏之后立刻观赏相应的电影，就能达到良好的效果。以下列出几部我最喜欢的莎剧电影作为补充剧本研读之用。

《麦克白》　　　　这出戏剧有几个很好的版本。我会试试由伊恩·麦凯恩爵士和朱迪·丹奇（Dame Judi Dench）领衔主演的皇家莎士比亚剧团版本。这部电影让孩子们看到戏剧中小空间的运用方式。罗曼·波兰斯基（Roman Polanski）的版本极为血腥，但是拍得很好。

《亨利五世》　　　　我喜欢让孩子们把劳伦斯·奥立弗（Laurence Olivier）爵士的爱国版本和

肯尼斯·布拉纳夫（Kenneth Branagh）的后越南悲剧版本相比较。

| | |
|---|---|
| 《理查三世》 | 奥立弗爵士的版本十分有趣，还有约翰·吉尔古德（John Gielgud）爵士和拉尔夫·理查森（Ralph Richardson）爵士参与演出。伊恩·麦凯恩爵士的版本则提供了一个创新的角度来诠释这个故事，同样也很出色。 |
| 《第十二夜》 | 特拉维·南恩（Trevor Nunn）爵士几年前拍了一部很棒的电影，由本·金斯利（Ben Kingsley）爵士饰演傻瓜费斯蒂。 |
| 《仲夏夜之梦》 | 如果你想让你的孩子们听到忠于原味的莎士比亚台词，就不能错过彼得·霍尔爵士于1968年所拍的电影。这出轻快喜剧由黛安娜·瑞格（Diana Rigg）、朱迪·丹奇、海伦·米伦（Helen Mirren），以及伊安·霍姆（Ian Holm）联袂演出，真是众星闪耀。 |

即使是拍得不好的片子也能对学生准备莎剧演出有所帮助。最近我的学生观赏了BBC版本的《空爱一场》，对该片不是很满意。通过审视片中数场的演出，这些年轻演员更清楚自己想要如何诠释该剧的各个角色。

## 莎剧台词怎么记

许多访问本班的客人都很好奇孩子们是怎么记住那么多台词的。旁人不了解的是，记台词固然不易，但更难的是理解这些台词。我花时间和学生一起念过每个字。在聆听戏剧 CD 的过程中不时暂停，为他们解析其中的用语。对于已经理解的部分，学生很快就可以背下来。接着，我为每位演员转录各场戏的 CD，让他们带回家听。莎剧就像音乐一样，小小莎士比亚们背的不是数千句流行音乐的歌词，而是把这些精力用来记忆美丽的语言。通过听 CD 的方式，孩子们学习的速度惊人。这项策略只有一个缺点。因为 CD 中的角色都是由英国演员饰演的，以至于有些学生讲起话来开始有英国腔。我们相视大笑，鼓励对方用自己的腔调说台词。我们不需要成为奥立弗或麦凯恩爵士，我们只是一群乐在其中的孩子而已。

为了让孩子们能自在地大声说话，我们会在教室里玩两个游戏。第一个游戏就像它的名称"三十七游戏"（thirty-seven game）一样简单。孩子们轮流大声说出莎士比亚剧作的名称，每出只能说一次。我们通常在排演前用这个游戏热身。孩子们一边大声喊出《哈姆雷特》、《亨利五世》、《错中错》等戏名，一边听别人在说什么，以免重复。一开始玩的时候，他们会犯错，而且还挺好笑的。

第二个游戏源自于已故英国记者伯纳·李文所写的一篇原创性十足的短文《莎士比亚如是说》。只要上 Google 搜寻，马上就能找到这篇文章。这篇文章让我们惊讶地发现自己在日常生活中用了那么多莎士比亚的话却不自知。孩子们一个

接着一个快速地说出莎翁名句。这个游戏非常适合在排演的
开始或结束时玩。

## 〜〜•〜〜〜 好戏上演 〜〜〜•〜〜

本校实施全年制，于 7 月份开课。我们至少花一个月的时
间研读预计于第二年 4 月演出的剧本。孩子们每周聚会四次、
每次一小时；用一个月的时间熟读剧本，听完整的每一出戏，
并且观赏多部改编后的电影。就算我翻开剧本，随便念一句
最晦涩难懂的台词，学生们也听得出这句话是谁说的。

把一出戏搬上舞台很容易，要演得好却不简单。在 8 月中
旬前后，我会请孩子们按照意愿列出几个想扮演的角色，请
注意，学生不一定要试演有台词的角色。有的人想参加乐团，
有的人想担任幕后的技术人员。大多数学生负责的工作不止
一项，这是没问题的。制作戏剧的好处之一就是，每个孩子都
会接触到具有挑战性的工作。

接着我们进行试演，从试演中我可以知道谁最适合哪个
角色。**然而好的表演和其他的事情是一样的，都是由十分的
天赋加上九十分的努力而来的。**这个时候，我和孩子们才相
处一个月而已，几乎不可能预测谁能为了把主角演好而全力
以赴。放学后和我一起读剧本的学生约有 60 个，其中许多人
并不是第 56 号教室的学生。

## •〜〜〜 没有比家更温暖的地方 〜〜〜

我们就在自己的教室里演出莎剧。我们把桌子搬开，设
计了一个有 33 个座位的观众席。实际的演出空间约为 200 平

方英尺。在这狭小的场地上，我们演出了一场舞蹈编排轰动全场、摇滚乐团火力全开的完整版莎剧。

这里没有布景也没有戏服。这些东西太花时间了，尽管赏心悦目，却和我们的任务毫无关联。学生只穿牛仔裤和我们的霍伯特·莎士比亚 T 恤。T 恤有不同颜色，这些颜色就是演出中惟一和戏服有关联的部分。王族成员通常穿紫色，乐队穿蓝绿色，反叛者穿红色，而忌妒的丈夫穿绿色，视觉效果很好。不需要布景和戏服，我们确保整出戏的主角是莎士比亚隽永的文字。距离演员不到 4 英尺的观众所经历的是前所未有的看戏体验。欣赏莎剧演出多年的人说，我们的演出方式使他们更注意听台词。他们看戏看了一辈子，从来就没这么专注地聆听过。

然而，这样的近距离也有缺点。多年前，我的学生曾演出《麦克白》。一位讨人喜欢的老师带了她的父亲来看戏，当时他的父亲患有早期阿兹海默症。当麦克白说到那段张力极大的"在我眼前的是一把匕首吗"的台词时，抽出了打算用来杀死邓肯王的一把道具刀。那位可怜的老人家一看到刀就开始大叫："喔！他手上有刀！他手上有刀！他要杀人了！"我不知道哪一件事比较好笑——是观众用嘘声想让那个可怜的家伙静下来，还是看到饰演麦克白的男孩想用手上的刀杀死邓肯王之外的另一个人！

不过说真的，没有任何一个地方比得上温暖的家。即使我的学生受邀在豪华的舞台上演出，我们也认为，教室的演出经验更值得回忆，也更具教育意义。毕竟，我们的演出不是为了得到掌声或经久不息的起立喝彩，**而是关乎语言、音乐、**

团队合作、冒险、纪律、勤勉，以及自我发现。在自己教室演出的做法，也更贴近莎士比亚当年的实际情况。

## 使用音乐和舞蹈

多年前，霍伯特的小小莎士比亚们将《仲夏夜之梦》搬上舞台。当时我们才开始演戏没几年，演得是不错，但无法和今天的表演相提并论。不过，演出的基本架构已经成型，学生们也从中获益良多。当我们演到仙后缇塔妮亚在就寝前要仙子们唱首歌的时候，穿插了一首流行歌曲以取代莎翁当年所使用的曲调。我觉得这一幕需要多加一点效果。这是一定要的，因为在我们的某次演出中，饰演仙后的小女孩真的在舞台上睡着了。啊，真是一群演技非凡的演员！

这首歌是整出戏的高潮所在。它只是首简单的小曲子，由孩子们来唱，我负责在幕后用吉他伴奏。仙子们跳着舞，舞蹈是我看过几部电影之后勉强编排而成的。虽然我考虑得不太周到，那场戏的效果却还不错。到了第二年，霍伯特的小小莎士比亚们已经成为一股截然不同的力量了。

这些年，人们说我们的演出是假扮莎士比亚的摇滚音乐会。我们的戏剧的台词部分从未有过任何变动，只是加进了10多首歌曲，使演出更添风味而已。学生们在排戏的前两个月一边练习演出，一边学唱10多首用来强化剧中场景效果的曲子。配乐曲目在第3个月结束前出炉。在后续的6个月中，乐团要经常练习弹奏，演唱者则认真练唱合声。不久，戏剧演出的声音部分便准备就绪。

最酷的部分在于歌曲和剧本完全是合二为一的。歌曲在某个角色陈述独白，或进入某个适合来点配乐的场景时开始，然后在情节推展时停止，之后再次开始，几乎就像歌剧一样。当西西里暴君里昂提斯在《冬天的故事》中乞求原谅时，我们用了约翰·列侬的《忌妒的家伙》（Jealous Guy）；当亨利五世在战争前祈祷时，我们用了 20 世纪 60 年代英国节奏蓝调团体动物合唱团的《别让我被误解》（Please Don't Let Me Be Misunderstood）；当福特先生在《温莎的风流妇人》中要他的妻子重新接受他的时候，我们用了诱惑合唱团的《放下自尊，向你恳求》（Ain't Too Proud to Beg）；我们用 REM 合唱团的《每个人都受了伤》（Everyone Hurts）作为《哈姆雷特》的"生存，还是毁灭"的独自背景音乐。孩子们精确地唱出了上述每一首歌曲。为拓展他们的经验，我的朋友芭芭拉·海顿还教他们手语。在表演者唱歌的同时，又添加了另一种沟通，效果很好。

学生们还在每一出戏中表演一两场舞蹈，由数位优秀的现代舞舞者担任指导老师和编舞。我知道孩子们不是莎剧演员，舞蹈老师们也知道孩子们不是专业舞者，但是我们都明白让不同的艺术媒介齐聚一堂、打造一出好戏，以及尽可能多地教孩子们一些东西，都是非常值得努力的。例如，学生们曾用一场爆笑、讽刺的舞蹈搭配达斯汀·史普林菲尔德（Dusty Springfield）的《祝福与希望》（Wishin' and Hopin'）来对待在《驯悍记》中的角色凯萨琳；而另一场搭配 OK GO 乐团《美眉你真辣》（You're so Damn Hot）的撩人舞蹈，则以碧昂卡为对象。目前我们正为《麦克白》中的女巫们练习一场很棒的舞蹈，准备在乐团演奏滚石合唱团的《怜悯恶魔》

（Sympathy for the Devil）时搬上舞台。

念着莎士比亚的台词，演奏伟大的歌曲，再用舞蹈串联整场戏，这三者的组合创造了无比的吸引力。孩子们在排练时乐在其中，完全没注意到自己学到了多少东西。

### 〜〜•〜〜 中场休息 〜〜•〜〜

当我还是个菜鸟老师的时候，经常四处参观艺术课程，吸收他人的想法。一天晚上，我去某所声誉卓著的私立学校看戏。戏演得很好。该校的孩子来自于富裕的家庭，很多学生都请了私人戏剧教练。他们在舞台方面也砸了很多钱，还有炫目的灯光、特效，以及为了博得观众好评而精心设计的片段。接着，到了中场休息时间，那是个闷热的春季夜晚，大批观众涌向座位后方去呼吸新鲜空气。我在大厅看到了几张折叠桌，上面的纸盘和半空的盒子里装着碎掉的全麦脆片饼干，还有汽水瓶。到处都是乱丢的纸杯，让我分不清哪些是用过的、哪些是没用过的。我发誓将这次经验当作教训，**并决定让"中场休息时间"也成为学习的一部分。**

我们的演出通常为期3周，每次约3小时。学生在节目开始前的一个小时走进隔壁教室，摆好桌子，一一刷洗，再铺上高雅的桌布。家长会带鲜美的花束、新鲜水果、蔬菜、开胃菜，以及各式冷热饮过来。由我提供经费，家长则捐献最宝贵的东西——时间。

小小莎士比亚们在中场休息时间为观众送上点心和饮料。坐在观众席上的是我们的客人，我们要他们感到宾至如归，备受礼遇。演员们倾听观众的话、参与交谈，在言行举止中流露出让大人们相信未来还是充满希望的教养。

当演出结束、掌声渐退时，演员们回到隔壁教室打扫卫生。哈姆雷特和欧菲利亚可能 5 分钟前才接受过观众的起立喝彩，现在他们已经在隔壁教室和其他剧组人员一起刷地板、搬桌子了。**学生们明白，舞台上的自己和舞台下的自己并没有什么不同，两者都说明了他们是怎么样的人。**

## 明年再见

在俄勒冈州的阿什兰大学，莎翁戏剧节的伊丽莎白舞台外悬挂着看板，分别代表了自 1935 年起每一出曾于该场地演出的戏剧。我们借用了这个好主意，也在我们教室挂起看板。

我们每年都会在谢幕的时候进行一项仪式。当主要演员走下舞台时，年纪最小的学生依然留在舞台上。他们都是不在第 56 号教室上课，但会在放学后参与戏剧制作的四年级学生。在舞台清空的同时，这些小不点会从教室前方的莎翁像后方拉出一张最新的看板，上头的大字清楚地写着第二年将上演的剧作。四年级学生们向观众挥手道别，大声说着"明年再见"，而观众也计划着明年再回来看戏。在今年的表演尚未落幕之前，霍伯特小小莎士比亚们明年的演出就已经开始了。

**这象征着第 56 号教室永不止息的循环："工作、娱乐，追求卓越"。**这里没有终点。戏演得很棒，但这不过是这些孩子人生中的一天罢了，莎士比亚教授的宝贵课程，将成为他们灵魂上难以磨灭的印记。当某个学生被问及他最喜欢哪本书时，他的回答就证明了这一点。男孩说，《哈克贝利·费恩流浪记》（*The Adventures of Huckleberry Finn*）。当问及原因时，他答说："因为马克·吐温举镜高照人性。"这名学生想都没想，极其自然地引用了哈姆雷特来表达自己的信念和想法。我猜，诗人、剧作家本·琼森（Ben Jonson）说对了："莎士比亚不属于任何一个时代，而是存在于千秋万代。"

# 后记：宁静的港湾

　　教书是件吃力不讨好的工作。

　　这份工作不但不讨好，也没有"倒吃甘蔗"的感觉。当你静下心来回想过去种种，会发现不如意的事总是比较多。无论你的信念是什么，在你对一个孩子伸出援手的同时，总是有好几十个孩子让你想就此放弃。走进我们教室的孩子通常来自于非常贫穷或平凡的家庭，这些孩子大多数都不知道教育会对他们的人生产生什么影响。许多行政人员早在多年前就已经出卖了自己的灵魂。"你们班上有危险分子吗？""校方是否能给你提供一些协助来处理这个问题呢？"答案通常是否定的。实际上，当班上的危险分子威胁到另一个人的生命时，你反而会因为管理不当、纵容这类事件发生而备受责难。

　　"真理部"的官员持续散布着谎言。出版社、测验服务公司和行政人员串通起来，联手扼杀你担任年级老师时曾有过的创意、热忱和自由。从现在起，我们将为相同的理由，在相同的时间，以相同的方式，做相同的东西。

　　有的学生能给你少许安慰，但是让你灰心的也不在少数。在一个孩子愿意努力、准备付出的同时，更多孩子早已在那些迫使我们屈服的力量下宣告放弃了。或许现实主义者是对的，或许想给学生卓越教育的念头只是唐·吉诃德式的一厢情愿。我曾在许多个白天和夜晚挣扎不已，几乎想要屈服。但当以前犯过的种种错误涌入脑海，令我辗转难眠时，我会拿出珍妮的文章。这篇文章是她在圣母大学写的。在她 13 岁的时候，我带她到那儿去。我告诉她，她有潜力进大学。今天，她是该校的高材生。我追寻信念的理由，就在这儿找到了答案。

当灯光渐暗，当学生们叽叽喳喳的话语声慢慢变小，最终归入一片寂静时，我的心开始怦怦作响。小小的屋子里满是灯光，我向观众席望去：一个 11 岁的男孩走了出去，站上舞台（应该说是教室），念着他的开场白。

快轮到我的时候，我心跳再次加快。观众们大笑了起来，我知道这时候该我上场了。"裴尼狄克您怎么还在那儿讲话呀？……没人听您说！"现在是 1998 年 6 月 15 日下午 6 点，我正开始我第 12 次也是最后一次的莎剧——《无事生非》的演出。

9 岁时，经过学校老师雷夫·艾斯奎斯的推荐，我第一次接触到莎士比亚。我们学校的人都知道，雷夫老师每年都会导演一出莎剧。当他询问我的意愿时，不想拒绝参与"知名"戏剧演出机会的我，立刻答应了。

我把"知名"两字加上引号是因为，在我就读的小学里，如果有人问你是否愿意参加莎士比亚的演出，就等于是问你要不要加入全校最酷、最特别的社团一样。

在接下来的一年当中，我得到了参与《冬天的故事》的机会。所有的戏剧都是在我们狭窄的教室——第 56 号教室内演出的。在最后一场演出时，我心里只想着一件事：要是我能让时间停止该有多好。

真希望我能把那个晚上的所有感受都装进瓶子里，不论走到哪儿都带着它。因为，那天晚上的第 56 号教室充满了愉快、热忱，以及活力。每年从无到有打造一出又一出戏剧的经验，不只让我认识了莎士比亚，也知道何谓团队合作、谦逊，以及当同学站上舞台就轮到他成为镁光灯的焦点，而不是我。

我们把流行歌曲融入各个场景，于是我学会了各种乐器的演奏。我了解责任和认真付出的价值，知道如果我不在期限内把自己的台词记熟，不只我自己会受害，还会牵连到剧组中其他人的进度。

有谁会想到原来参与一出戏剧的制作与演出可以让人学到这么多？我人生当中最宝贵的经验都是在第 56 号教室的那两年学到的。在那间小小教室里所得到的经验，都一一珍藏在我心头。

霍伯特小学位于洛杉矶市中心，每当我忆起小学时光，脑海里浮现的就是那个可怕的环境。有不会说英语的孩子，甚至有不会说英语的老师。

然而，在五年级那一年，当我走进第 56 号教室，一切都不同了，外面的世界消失了，吉他课、旅行，以及莎剧角色将一切取代。

它成了我第二个家，而班上的同学也成为我的家人。我的成长大多要归功于第 56 号教室，这个地方把我塑造成今天的我。

无论世界上其他地方发生过什么事情，在这个安全的避风港里，我所有的麻烦都可以得到解决。每当家中发生问题时，我常常躲到这里。即使在今天，当我寻找一个只有关爱和喜乐、没有愤怒和怨恨的地方时，我还是躲回第56号教室。

一如往常，事实证明了这位学生是我最好的老师。这封信就是最好的理由。让我们努力付出，打造避风港吧！珍妮的文章让我安心入睡。明天，就像平常一样，我也将躲进第56号教室。因为，没有任何一个地方比得上温暖的家。

# Q &A：与雷夫老师有约

Q1：面对日渐严重的校园暴力问题，你觉得教育的哪个环节
出了问题？

A：我认为学校会直接反映出社会的问题。很悲哀，暴力和
恃强欺弱被公认为是人类的天性之一。国家之间互相欺
侮，政府欺压人民；自然地，学校一样会出现暴力问题。
事实上，处处都会发生暴力，十分可怕。我试着以文学
作品、电影和人当作范例来教导孩子们不使用暴力。我
带他们阅读的书籍大多都是关于真正勇敢的人，他们选
择不一样的方式来处理事情。在我们阅读的书籍里，英
国诺贝尔文学奖作家威廉·戈尔丁的《蝇王》是很重要
的一本书。它帮助孩子们探讨暴力问题并思考不同的方
式生活，即使这么做会很辛苦。

Q2：来自媒体的负面报道，或多或少扭曲了孩子们的道德观
或行为模式。面对这个问题你会如何处理？

A：媒体的确对我们造成很大的负面影响。记得去年圣诞节，
我在多伦多要演讲之前，待在饭店的房间里看电视，转
到 CNN 的频道，当天的头条新闻就是一群人在电器用品
店前为了电动游戏大打出手。我觉得很惊讶：是谁决定
这是一则重要新闻？在非洲一天有 6000 人死于艾滋病，
在伊拉克和苏丹有许多人正面临死亡。这些就是媒体不

断传达给我们的信息。我教育学生要懂得辨别媒体报道内容的好坏，对于所接收的信息不要照单全收。他们要学习思索资讯的来源。就如同乔治·奥威尔所训示的："我们每天都生活在政府与媒体的谎言中。"对此我的学生们都谨记在心，他们很少看电视。

Q3：你是否曾遇到过不认同你的教育理念或是过度干涉你授课进度的家长？面对这种来自家长的压力，你会选择适度妥协，还是据理力争？

A：我的确遇到过一些家长要求我用不同的方式教学。我从不和他们争论，我会尽我所能帮助他们。我安排的许多课后或是假期活动都是自由参加的：一定会有家长和小孩不想参加，也有家长不想让小孩参加校外旅行。这些都没关系。我的工作不是拯救孩子的灵魂，而是提供机会让他们拯救自己的灵魂。99%的家长们都很喜欢这个班级，甚至很热心帮忙；他们的孩子也热爱学校。我很少遇到有不认同我的家长，因为我从事这样的教学已经很久了，家长们都很信任我，我也很荣幸拥有他们的信任。

Q4：许多教师认为，带班比带自己的孩子容易。你认同这点吗？

A：我反而觉得带自己的小孩容易些。我认为教导学生和教育小孩其实没什么不一样，两者的第一原则都是要以身作则。我希望我的小孩品性好、认真努力，那么我就必须时时让他们能以我为榜样。不论是带班或是带小孩都是言教不如身教。学生往往在家所听、所接触到的信息

221

比在学校多。尤其是当父母整天都开着电视时，我的教育工作就会变得更为困难。所以对我而言，当父母会比当老师容易些，因为我能够给我的孩子以身作则的一致性教养。

Q5：你对于第 56 号教室孩子的教育与呵护，早已超过一个教师的职责。是什么样的力量支持着你这么做？

A：我有一位美丽又特别的女人支持着我，那就是我的太太芭芭拉。她是我认识的人里面最聪明的。我所教过的学生也很支持我。我的基金会就是一位考上耶鲁法学院的学生发起的。www.hobartshakespeareans.org 也是我教过的两位学生——从柏克利加州大学毕业后当了工程师——所架设与管理的。这一路走来的确是很辛苦，但是我的身边有许多人都在帮助我。我真的非常幸运，我只是一个很平凡的人，是周围这些帮助我的人让我变得不平凡。其实他们才是最特别的人。

Q6：家人是否曾抱怨过你陪伴"第 56 号教室"的时间远超过给予家人的？

A：我对家人也是全心全意付出。我在书里并不常提到他们，因为我的书还是以教育为主题。我的确花了很多时间在第 56 号教室，但是我永远把家人摆在第一位，他们也很明白当他们需要我的时候，我一定会在。我的四个小孩都是很快乐和成功的人。我的大女儿梅莉莎今年将结婚；小女儿凯瑞恩今年夏天即将迎接她的第一个小孩，她的先生是一位中国籍的整形外科医师，也是一位很棒的男人。我的大儿子在中学教书，刚荣获"教师奖"；我的小儿子也在最近找到一份他喜欢的工作，在一家电脑公司上班。我以他们为荣，他们是支持着我的力量。我是全世界最幸运的人。

Q7：当孩子因交友不慎而误入歧途时，你会如何处理？

A：我会告诉孩子们择友的重要性，但是我不会干涉他们的选择。我相信预防胜于治疗，所以我会在孩子还小的时候，尽早让他们明白结交益友的重要性。但是，我和学生之间是互相尊重、信任的，所以我必须让他们自己做选择。就像书里提到的，第56号教室里有一群受到社会关注、很棒的孩子，孩子们很容易交到能够帮助他们成长的朋友。如果孩子选择结交损友，那就是他自己的选择了。

Q8：对于有自闭倾向或是忧郁症的学生，你觉得老师和同学能够提供他们哪些帮助呢？

A：当老师是一个很封闭的工作，但一位好的老师会不断寻求帮助。当我遇到学生的问题很严重时，我会去请教比我更了解的人。好几年前，有个学生患了吐雷氏症[①]。他是个好孩子，但我却完全不知道该如何帮助他，于是我们找了一位小儿神经科医生帮忙。现在，那位学生已经不需要再接受治疗，过着一般人的正常生活。我所能做的就是寻求帮忙。我没教过有自闭症倾向的学生。在美国，我们会有专门的学校辅导这一类的学生。但我遇到

---

[①] 此种患童会不自主动作，包括抽搐、眨眼睛、装鬼脸、摇头晃脑；及不自主出声，包括清喉咙、大叫等，约有50%的患者会伴有注意力缺陷多动症。

过学生的兄弟姐妹患有自闭症，于是我帮家长引荐了适合的学校来帮助他们的小孩。

Q9：现在的孩子天天补习，根本没有多余的时间让他们玩乐器、演话剧，或是培养其他的兴趣。针对这个问题，可否请你给家长或学生一些建议。

A：我不会让小孩像上两个学校一样，放完学又继续去补习。我会建议孩子们可以去学习很多东西。大家会喜欢我的课，是因为课程同时结合了传统的学科（像是自然科学和数学）和美丽的艺术。孩子是快乐又美丽的群体。艺术帮助他们学习聆听与合群，这些体验对他们日后的人生会有很好的影响。我会建议家长试着让音乐、舞蹈和美术融入小孩的生活中。接触艺术的孩子会更快乐、更成功，品性也会更好。如果家长总是觉得没时间的话，可以考虑重新安排时间表，一定可以挪出时间来做艺术活动。这是我们送给小孩最棒的礼物。参与莎士比亚剧的学生们并不是演员，也不是将来想要当演员，但是他们从中学习到的经验和建立的友谊是伴随他们一生的。

Q10：最后可否请你以过来人的身份，给教师，或是即将成为教师的人一些建议。

A：给年轻的老师们：

1. 你未来的日子不会太好过。并不是因为你不是一个好老师，而是每个人都会有不顺心的时候，但优秀的老师决不轻言放弃。我经常遭遇挫折，但我会试着从错误中学着让自己变得更好。

2. 以好老师为榜样，不断地学习。

3. 不要与讨厌教学的人为友。他们就像是学校里的病毒，要尽量回避。

4. 做你自己！师生之间的关系是建立在信任之上的，而不是畏惧。教育最棒的地方就在于：它会让你变得越来越好。

5. 今年是我从事教职的第 26 年，我更懂得如何教学了。我相信我的下一个 26 年一定也会更好。

# 附录 A　好莱坞的喝彩

　　无论是周末在家，还是每个星期二放学后，观赏电影都是我们班课程的一部分，而每个第 56 号教室的学生在这一年中都会观赏 100 多部电影。以下是每个学生都有机会欣赏的 25 部电影。这些电影帮助学生接触与认识历史、文学，以及形成身为霍伯特小小莎士比亚应有的价值观。

1. 《非洲皇后号》
2. 《黄金时代》
3. 《卡萨布兰卡》
4. 《谜中谜》
5. 《E. T. 外星人》
6. 《光荣战役》
7. 《一夜狂欢》
8. 《正午》
9. 《恶夜追缉令》
10. 《向上帝挑战》
11. 《生活多美好》
12. 《麦尔坎 X》
13. 《梦幻街奇缘》
14. 《史密斯先生到华盛顿》
15. 《摩登时代》

16.《码头风云》

17.《拯救大兵瑞恩》

18.《辛德勒的名单》

19.《热情如火》

20.《星球大战》

21.《骗中骗》

22.《杀死一只知更鸟》

23.《十二怒汉》

24.《西区故事》

25.《绿野仙踪》

# 附录 B  华盛顿旅行安排范例

霍伯特小小莎士比亚们规划行程的原则是"重点式旅游"，除了我们列出的行程之外，其实有很多景点和活动都相当值得游览。本行程仅供参考。规划自己的旅程时，天气、时间以及班上孩子们的兴趣都是我为学生规划完美行程的考虑重点。举例来说，我们的行程中不会安排孩子们参观犹太人屠杀纪念博物馆，是因为我们在洛杉矶也有类似的宽容博物馆。

晚餐通常安排在下午4点半，地点则是当天行程终点附近的餐厅，或回旅馆用餐。孩子们通常在晚上8点半以前就寝。

| 星期六 | | 从洛杉矶搭机前往华盛顿。选择星期六出发，是因为华盛顿的地铁周末人较少，方便我们从里根国家机场前往旅馆。 |
|---|---|---|
| 星期日 | 早上 | 阿灵顿国家公墓；海军陆战队纪念碑。 |
| | 下午 | 午餐通常安排在旅馆附近的联合车站。 |
| | | 这是行程最不紧凑的一天，因为孩子们通常因为时差问题相当疲倦。 |
| | | 在下午3点前我们就会返回旅馆。 |
| 星期一 | 早上 | 华盛顿纪念碑（可预先上网购票）；二次世界大战纪念碑。 |
| | 下午 | 午餐安排在史密森尼美国国家历史博物馆，餐后则参观特定展览。 |

| 星期二 | 早上 | 参加福特剧院早上9点的导游团（我们通常在前一天会先打电话去确认）。 |
| --- | --- | --- |
| | | 参观彼得森旅馆——林肯逝世之地。 |
| | 下午 | 午餐安排在美国国家艺廊，餐后参观西厢和东厢的特定展览。 |
| 星期三 | 早上 | 参观白宫（数月前就通过国会议员安排订票） |
| | 下午 | 午餐安排在史密森尼美国国家自然历史博物馆，餐后则参观特定展览。 |
| 星期四 | 早上 | 参观华盛顿故居费农山庄，通过 Gray Line 或 Tourmobile 安排游览团，并在当地用午餐。 |
| | 下午 | 在下午2点返回旅馆午睡。 |
| | 晚上 | 前往莎士比亚剧院欣赏演出。 |
| 星期五 | 早上 | 参观最高法院。 |
| | | 参见美国国会大厦（导游团通过国会议员办公室安排）。 |
| | | 参观福尔杰·莎士比亚图书馆。 |
| | 下午 | 午餐后安排在史密森尼美国国家航天博物馆参观展览。 |
| 星期六 | 早上 | 自备午餐徒步游览。 |
| | | 参观阿尔伯特·爱因斯坦纪念碑。 |
| | | 参观越战阵亡将士纪念碑。 |
| | | 参观朝鲜战争阵亡将士纪念碑。 |
| | | 参观林肯纪念碑。 |
| | 下午 | 在华盛顿国家广场野餐。 |
| | | 参观罗斯福总统纪念碑、杰斐逊总统纪念碑。 |
| | 晚上 | 整理行李准备回家。 |
| 星期日 | 早上 | 返回洛杉矶。如果是搭乘一大早的班机，要记得华盛顿的地铁星期日早上运营较晚。 |

# 附录 C　莎士比亚摇滚版

　　霍伯特小小莎士比亚们所制作的作品融合了风格独具的词汇和音乐。现场摇滚乐团演奏，歌者高唱出旋律，而舞者则在小舞台上手舞足蹈，讲述故事内容。以下列举了我们曾演出过的剧本范例，以及我们选用的一些乐曲。历经多年，我们的作品也日趋精湛。

| 《暴风雨》（The Tempest）1994 年 | |
|---|---|
| 《金星火星》保罗·麦卡特尼（"Venus and Mars" Paul McCartney） | 剧情开场是米兰城邦的公爵普洛斯彼洛在研读魔法。 |
| 《E 小调组曲》J. S. 巴赫（"Suite in E Minor" J. S. Bach） | 演奏同时，普洛斯彼洛告诉他女儿米兰达的身世。 |
| 《你坐着舒服吗?》穆迪·布鲁斯乐队（"Are You Sitting Comfortably?" The Moody Blues） | 在她父亲交代费迪南德艰难任务之后，米兰达帮他搬运木柴。 |
| 《让梦持续》史密斯飞船乐队（"Dream On" Aerosmith） | 普洛斯彼洛为岛屿居民创造一出魔法演出。 |
| 《与我白头偕老》约翰·列侬（"Grow Old with Me" John Lennon） | 米兰达和费迪南德结婚。 |
| 《问题的核心》唐·亨利（"The Heart of the Matter" Don Henley） | 孩子们在这首宽恕的歌声中谢幕。 |
| 《威尼斯商人》（The Merchant of Venice）1995 年 | |
| 《现在》范·海伦（"Right Now" Van Halen） | 剧情开场结合了对犹太人夏洛克的偏见与世界的仇恨。 |

| | |
|---|---|
| 《仍未找到我所寻找的》U2（"I Still Haven't Found What I'm Looking For" U2） | 商人安东尼奥对观众和他的年轻朋友巴萨尼奥诉说他的烦恼。 |
| 《C 大调吉他四重奏》保罗·皮尔（"Suite in C Major for Four Guitars" Paul Peuerl） | 每当场景转换到浪漫的贝尔蒙，就会演奏这首古典旋律。 |
| 《爱让我们充满活力》老鹰乐队（"Love Will Keep Us Alive" The Eagles） | 夏洛克的女儿洁西卡被说服和罗伦佐私奔。 |
| 《同情魔鬼》滚石乐队（"Sympathy for the Devil" The Rolling Stones） | 夏洛克策划报复安东尼奥。 |
| 《一》U2（"One" U2） | 洁西卡走进基督教的世界，一边哀伤地跳着舞，一边思索着自己不快乐的人生。 |
| 《迷失信仰》REM（"Losing My Religion" REM） | 在这首摇滚乐声中，我们谢幕。 |
| 《哈姆雷特》（Hamlet）2004 年 | |
| 《朋友的葬礼（流血的爱）》艾尔顿·约翰（"Funeral for a Friend (Love Lies Bleeding)" Elton John） | 剧情开场是哈姆雷特国王的葬礼，伴随的是这首乐曲。 |
| 《把它涂黑》滚石乐队（"Paint It Black" The Rolling Stones） | 当哈姆雷特在独白中宣泄他对世界的无力感时，这首歌就是背景音乐。 |
| 《父辈的梦想》戴夫·马修斯（"Dreams of Our Fathers" Dave Matthews） | 鬼魂来找哈姆雷特。 |
| 《锂》涅槃（"Lithium" Nirvana） | 哈姆雷特开始陷入疯狂，他筹划演一场戏。 |
| 《寂寞的日子》布鲁斯·斯普林斯汀（"Lonesome Day" Bruce Springsteen） | 第一段中场休息后的开幕音乐。 |
| 《人人皆有伤心时》REM（"Everybody Hurts" REM） | 哈姆雷特著名的"生存还是毁灭"独白的背景音乐，同时有手语解说。 |
| 《相信的理由》洛·史都华（"Reason to Believe" Rod Stewart） | 哈姆雷特深深迷恋上奥菲莉亚。 |

| | |
|---|---|
| 《神经质的机器人》电台司令乐队（"Paranoid Android" Radiohead） | 克劳帝斯在祷告时，哈姆雷特则考虑谋杀他。 |
| 《我感觉一切好多了》飞鸟乐队（"I'll Feel a Whole Lot Better" The Byrds） | 哈姆雷特将信掉包，并且策划罗森克兰兹和桂顿斯坦之死。 |
| 《鲁比星期二》滚石乐队（"Ruby Tuesday" The Rolling Stones） | 奥菲莉亚发疯。 |
| 《限时追捕》滚石乐队（"Out of Time" The Rolling Stones） | 奥菲莉亚自杀。 |
| 《寂静之声》保罗·西蒙（"The Sound of Silence" Paul Simon） | 奥菲莉亚下葬，哈姆雷特在旁观看。 |
| 《注定的败局》贝克（"Lost Cause" Beck） | 哈姆雷特为与雷提尔的决斗做准备。 |
| 《当我的吉他轻声哭泣》披头士乐队（"While My Guitar Gently Weeps" The Beatles） | 哈姆雷特死时的背景音乐是乔治·哈里森的独唱版，而这首经典摇滚乐曲也带领整出剧进入谢幕的尾声。 |
| 《驯悍记》（**The Taming of the Shrew**）2005 年 | |
| 《D 大调协奏曲》维瓦尔第（"Concerto in D Major" Vivaldi） | 古典吉他四重奏与两组键盘乐器演奏这首乐曲来连接各场景。 |
| 《难民》汤姆·佩蒂（"Refugee" Tom Petty） | 开场的这首乐曲揭开了凯特的家人对待她的方式。 |
| 《美眉你真辣》OK Go（"You're So Damn Hot" OK Go） | 帕多瓦的男人对碧昂卡崇拜，而这支舞也将她介绍出场。 |
| 《我和别人不一样》奇想乐队（"I'm Not Like Everybody Else" The Kinks） | 凯特与皮楚丘初次见面的背景音乐。 |
| 《替代者》谁人乐队（"Substitute" The Who） | 霍坦修、崔尼欧、卢森修三人全都乔装打扮。 |
| 《厌倦再等你》奇想乐队（"Tired of Waiting for You" The Kinks） | 凯特独自在结婚礼堂等候迟迟未出现的皮楚丘。 |

| | |
|---|---|
| 《我们能解决这个问题》披头士乐队（"We Can Work It Out" The Beatles） | 在那场悲惨的婚礼之后，凯特决定离家跟踪皮楚丘。 |
| 《如此的高度》邮政乐队（"Such Great Heights" The Postal Service） | 中场休息后的开场音乐。 |
| 《在我的拇指下》滚石乐队（"Under My Thumb" The Rolling Stones） | 皮楚丘用不让凯特吃饭或睡觉的手段训服凯特。 |
| 《祝福与希望》灰灰春田（"Wishin' and Hopin'" Dusty Springfield） | 凯特做了一个梦，梦到天使教她取悦丈夫之道。伴随着音乐的是一支相当爆笑的舞蹈。 |
| 《也许，我震惊》保罗·麦卡特尼（"Maybe I'm Amazed" Paul McCartney） | 凯特帮助她丈夫赢得一场赌局，该剧也告终。 |
| 《感觉很好》披头士乐队（"I Feel Fine" The Beatles） | 在这首乐曲难忘的主吉他共鸣声中谢幕。 |
| 《爱的徒劳》（"Love's Labour's Lost"）2006 年 | |
| 《G 大调协奏曲》维瓦尔第（"Concerto in G Major" Vivaldi） | 整首协奏曲为吉他四重奏，中场休息后的第二幕节奏则稍有不同。 |
| 《我是一块岩石》保罗·西蒙（"I Am a Rock" Paul Simon） | 费迪南国王为那瓦尔写下宣告。 |
| 《梦碎大道》绿日（"Boulevard of Broken Dreams" Green Day） | 向那瓦尔居民宣读宣言，国王的朋友们也签名作证。 |
| 《绿色村庄，世外桃源》奇想乐队（"The Village Green Preservation Society" The Kinks） | 法国皇后和她的宫女抵达那瓦尔，得知新的法规。学生们用手语表达出歌词。 |
| 《我无法解释》谁人乐队（"I Can't Explain" The Who） | 男人们打破法规，爱上了那些女人。 |
| 《只爱一个人》REM（"The One I Love" REM） | 男人们偷写情书给女人。 |
| 《晕眩》U2（"Vertigo" U2） | 男人和女人意乱情迷地跳着舞谈恋爱。 |

233

| | |
|---|---|
| 《车票》披头士乐队<br>（"Ticket to Ride" The Beatles） | 第二幕开始后，女人们都迫不及待地想要离开男人和他们的国度。 |
| 《迷墙》绿洲乐队<br>（"Wonderwall" Oasis） | 男人们打算送女人礼物来赢得她们的爱。 |
| 《回到苏联》披头士乐队<br>（"Back in the USSR" The Beatles） | 男人们打扮成俄国人的模样，跳舞来取悦女人。 |
| 《牢记你》酷玩乐队<br>（"Fix You" Coldplay） | 法国公主接到她父亲死去的噩耗。 |
| 《耐心等待》枪炮与玫瑰乐队<br>（"Patience" Guns N'Roses） | 男人们有一年的时间证明他们值得女人的爱。 |
| 《日子》奇想乐队<br>（"Days" The Kinks） | 孩子们在这首经典歌曲的乐声中谢幕。 |

# 附录 D　一天生活纪事

| 早上 6：30 | 第 56 号教室开门。学生可以选择提早到校，做作品、玩乐器和打扫教室。 |
|---|---|
| 早上 7：00 | 数学小组（自选），孩子们解数学习题。 |
| 早上 8：00 | 学校正式开始上课，语法练习。 |
| 早上 8：30 | 数学课 |
| 早上 9：30 | 文学课 |
| 早上 10：30 | 美国历史 |
| 早上 11：00 | 课间休息，有兴趣的学生可自由参加吉他课程。 |
| 早上 11：20 | 自然课 |
| 中午 12：00 | 地理课或经济课 |
| 下午 12：30 | 午餐时间，有兴趣的学生可自由参加摇滚吉他课程。 |
| 下午 13：20 | 美术课 |
| 下午 14：20 | 体育课 |
| 下午 15：00 | 正规学校课程结束，莎士比亚课程开始。 |
| 下午 16：30 | 莎士比亚课程结束。学生可以回家，或留在教室自修，或打扫卫生。 |
| 下午 18：00 | 大部分的学生都已经回家，有些会留校继续自修。 |

# 致　谢

　　第56号教室是人间的一个奇迹，在这里整体大于局部之和。像披头士乐队、布鲁克林道奇棒球队和《卡萨布兰卡》一样，其魔力是时机、天赋和运气的结果。在创造这片独一无二的天堂的过程中，资助人、社会名流和其他老师，以及我的妻子芭芭拉都发挥了重大作用。

　　我的经纪人邦妮·梭罗、出版商克莱尔·费拉罗，编辑玖菲·费拉里·阿德勒和温迪·沃尔夫，以及维京企鹅出版社的所有朋友们都为本书的出版提供了大力的支持。

　　但是要重点表扬的是孩子们。**第56号教室里的每个孩子都展示了他们的勇气、毅力和热情，而这些正是他们的许多同辈所缺少的。这些孩子勇敢地探索着那些很少有人走过的路，世道险恶时他们与人友善，别人放弃时他们令人难以置信地继续努力。这些孩子们不找借口。他们抓住机会，让遇到他们的所有人都看到了未来的希望。**

　　霍伯特·莎士比亚，感谢你激励着诸如我这样的老师加倍努力。感谢你的指引、你的才智和你的笑声。没有什么书能够准确描述出当人们进入到你所创建的教室时每个人所真实感受到的快乐。我是如此庆幸能成为其中的一小部分。

# 第 56 号教室的奇迹（全四册）

入选中国小学图书馆基本书目

荣获"影响教师的好书推荐奖"

各地教育局、重点学校团购第一书

全美最佳教师三十多年教学生涯总结

感动全球上亿教师和家长的人生成长课

爱与智慧的告白，点燃孩子的学习热情，见证教育的奇迹和荣光